国家重点研发计划（2018YFC0114408）
宁波市医疗卫生品牌学科建设项目（PPXK2018-04）

# 医用直线加速器剂量标定实践操作手册

主　　编　任江平　王　石
副 主 编　夏文明　姚升宇　卢小开　高　翔
编　　委（按姓名汉语拼音排序）
戴许豪（宁波市第一医院）
高　翔（宁波市第一医院）
高成全（抚顺市第四医院）
贺淑静（山东省聊城市肿瘤医院）
蒋菁华（福建省立医院）
李宏伟（郑州市第三人民医院）
李政欢（中山大学附属第三医院）
卢小开（贵州省人民医院）
马　倩（呼和浩特市第一医院）
冉凤伟（陆军军医大学第一附属医院）
任江平（宁波市第一医院）
苏小强（唐山中心医院）
王　超（解放军总医院第五医学中心南院区）
王　磊（安徽省黄山市人民医院）
王　宁（兰州大学第一医院）
王　石（清华大学工程物理系）
王　勇（中国人民解放军空军特色医学中心）
吴朝霞（清华大学工程物理系）
夏文明（吉林大学第一医院）
肖　丽（武汉市中心医院）
徐庆涛（宁波市第一医院）
杨继明（宁波市第一医院）
姚升宇（上海市第一人民医院）
易金玲（温州医科大学附属第一医院）
尤　胜（辽宁省肿瘤医院）
袁　维（西安交通大学第一附属医院）
赵映薇（上海市第九人民医院黄浦分院）
周瑛瑛（宁波市第一医院）

科 学 出 版 社
北　京

# 内 容 简 介

直线加速器的剂量校准是放射治疗质控的重要环节，加速器剂量的标定精度直接影响到治疗精度，合格的放疗物理师必须熟知剂量标定的原理及方法。本书对医用直线加速器剂量标定各种主要方法的历史及实际操作进行了详细介绍。全书共六章。第一章简要概述了医用直线加速器剂量标定的发展历史；第二章介绍医用直线加速器剂量标定所需设备；第三章对目前国内主要采用的 IAEA TRS-277 标定方法进行详细叙述；第四、五章对目前国际采用的 AAPM TG-51 和 IAEA TRS-398 标定方法进行介绍，随着国家对剂量仪实行校准因子 $N_{D,w}$ 测量后，这两种方法势必成为国内医用直线加速器剂量标定的主流。第六章对各种常见医用直线加速器的剂量标定校准操作方法进行了详细描述，旨在指导物理师对医用直线加速器剂量标定的实践操作。

本书可以作为医学类放射治疗物理相关专业的本科教材，也可作为放射治疗物理师尤其是基层医院放射治疗物理师的专业参考书。

**图书在版编目（CIP）数据**

医用直线加速器剂量标定实践操作手册 / 任江平，王石主编．—北京：科学出版社，2021.11

ISBN 978-7-03-069705-9

Ⅰ．①医…　Ⅱ．①任…　②王…　Ⅲ．①医用直线加速器－剂量－标定－手册　Ⅳ．① TH774-62

中国版本图书馆 CIP 数据核字（2021）第 185430 号

责任编辑：王锞韫 / 责任校对：宁辉彩
责任印制：李　彤 / 封面设计：陈　敬

科 学 出 版 社 出版
北京东黄城根北街 16 号
邮政编码：100717
http://www.sciencep.com
北京建宏印刷有限公司印刷
科学出版社发行　各地新华书店经销
*
2021 年 11 月第　一　版　开本：720 × 1000　1/16
2025 年　3 月第三次印刷　印张：6　1/2
字数：123 000

**定价：49.80 元**

（如有印装质量问题，我社负责调换）

# 前　言

医用直线加速器剂量标定是放射治疗物理师最为重要的工作之一，剂量标定是否正确直接影响患者的治疗效果。国际辐射单位和测量委员会建议照射剂量的精确性控制在 ±5% 以内，而射束标定校准只是整个治疗流程中的一个重要组成部分，每个环节都存在剂量的不确定度，要把整个剂量精度控制在 ±5% 范围内，则剂量标定精度要求一般要控制在 ±2% 范围之内。随着现代放疗向精准放疗迈进，剂量标定的精度要求会越来越高。

由于条件限制，前期我国因认证的剂量测量实验室（一级或二级）只能在空气中校准相应的测量设备，所以通常只给用户提供一个 $N_k$ 或 $N_x$ 的剂量校准因子，故一直在使用 IAEA TRS-277 报告的标定方法，而国外在 20 世纪末就开始使用 AAPM TG-51 或 IAEA TRS-398 报告的标定方法，这些报告采用更为精准的水中校准因子 $N_{D,w}$ 对直线加速器剂量进行标定。近几年，随着我国认证的剂量测量实验室（一级或二级）逐步开始使用 $N_{D,w}$ 因子，加上 AAPM TG-51 或 IAEA TRS-398 方法更加简便可靠，国内一些医院也已逐步开始使用这两种方法中的一种对加速器剂量行剂量标定。本书除了介绍 IAEA TRS-277 报告的标定方法外，着重介绍了 AAPM TG-51 和 IAEA TRS-398 这两种新方法。

本书可以作为医学类放射治疗物理相关专业的本科教材，也可作为放射治疗物理师尤其是基层医院放射治疗物理师的专业参考书。

为了保证读者对各种剂量标定方法有一个清晰认识，本书特邀请了数位经验丰富的临床物理师专家参与编写。在此，谨向参与本书编写工作的各位专家及全体编审人员表示衷心感谢。

由于作者水平有限，书中难免有不妥之处，希望读者批评指正。

编　者

2020 年 6 月

# 目　　录

# 第一章　医用直线加速器剂量标定时代简史

放射治疗是治疗恶性肿瘤的主要手段之一，放射治疗机从最初的深部 X 射线治疗机、镭针机，到后来飞速发展的医用直线加速器（以下简称直线加速器），以及目前的重离子、质子加速器，经历了一个快速发展期。对大多数发展中国家来说，直线加速器仍然是目前放射治疗的主流设备。直线加速器能否在肿瘤放射治疗中发挥应有的疗效，其精确的剂量标定十分重要。所谓的剂量标定就是在特定条件下，直线加速器射野中心轴上某个特定点的绝对剂量的确定过程。各个国家和国际组织，为了规范和统一吸收剂量测量的方法，包括所使用的测量仪器、测量条件、计算关系式和相关的校准和转换系数的使用等，制定了不同的测量规程。其中国际原子能机构（International Atomic Energy Agency，IAEA）及美国医学物理学家协会（American Association of Physicists in Medicine，AAPM）所制定的规程被普遍采纳。对于直线加速器的标定方法，由于人们对其研究的不断深入，理论基础的不断完善，技术水平的不断发展，因此相关的测量规程也在不断地改进。本章将对剂量标定规程的发展历史做一个简要的概述。

## 第一节　吸收剂量标定的 $C_\lambda$ 和 $C_E$ 时代

20 世纪 60 年代早期，利用高能 X 射线和高能电子束治疗肿瘤在世界范围已有广泛应用，但当时没有一个统一的方法来测量高能电离辐射在介质中（如水中）的吸收剂量。鉴于此种情况，1964 年英国医院物理学家协会（Hospital Physicists Association，HPA）根据布拉格-戈瑞理论，提出了一个高能电离辐射吸收剂量测量的规程。随后一些国家的学术组织也提出了相应的测量规程，特别是国际辐射单位和测量委员会（International Commission on Radiation Units and Measurements，ICRU）分别在 1969 年和 1972 年提出了高能 X（γ）射线和电子束吸收剂量测量规程用以测量吸收剂量（ICRU 第 14 号和第 21 号报告），这一规程拓展了 HPA 规程的适用范围，即 $C_\lambda$ 和 $C_E$ 方法。高能电离辐射吸收剂量测量的 $C_\lambda$ 和 $C_E$ 方法在 80 年代以前得到普遍应用，我国自 1991 年 1 月 1 日起施行的《医用加速器 X 辐射源检定规程》（JJG 664—1990）也是参考此法。其技术要点是，对高能 X（γ）射线和电子束吸收剂量的测量，分为两个步骤。

第一步，在国家标准实验室，将用户电离室置于钴 –60γ 射线或 2MV X 射线空气辐射场中。为满足电子平衡，电离室带有标准厚度的电子平衡帽，如 4～6mm 厚度的有机玻璃等，得出其照射量校准因子 $N$（或 $N_C$）。此时钴 –60γ 射线在水中

的吸收剂量公式为

$$D_w = MN\frac{W}{e}\frac{(\bar{\mu}_{en}/\rho)_w}{(\bar{\mu}_{en}/\rho)_a}$$

式中，$\frac{W}{e}\frac{(\bar{\mu}_{en}/\rho)_w}{(\bar{\mu}_{en}/\rho)_a}$ 定义为钴 -60γ 射线照射量对吸收剂量的转换因子，用 $(C_\lambda)_C$ 表示；$M$ 为仪表读数。

第二步，将校准过的电离室放入标准测量的水模体中，在用户使用的射束质的辐射场中，测量高能 X 射线或电子束的吸收剂量。根据布拉格-戈瑞理论，电离室剂量仪表读数，经钴 -60γ 射线照射量校准因子 $N$、水中吸收剂量转换因子 $(C_\lambda)_C$ 和考虑高能 X 射线与钴 -60γ 射线质量阻止本领比值，得出高能 X 射线在水中吸收剂量计算的标准公式：

$$D_w = MNC_\lambda$$

式中，$C_\lambda$ 为高能 X 射线吸收剂量转换因子，其公式为

$$C_\lambda = \frac{W}{e}\left[\frac{(\bar{\mu}_{en}/\rho)_w}{(\bar{\mu}_{en}/\rho)_a}\frac{(\bar{S}/\rho)_w}{(\bar{S}/\rho)_a}d\right]_C\left[\frac{(\bar{S}/\rho)_w}{(\bar{S}/\rho)_a}\right]_\lambda\frac{P_\lambda}{P_C}$$

式中，角标 C、λ 分别表示钴 -60γ 射线和测量时的高能 X 射线；w 和 a 分别表示水和空气；$d$ 为置换因子，为 0.985±0.005；$P$ 为扰动修正因子，比值 $P_\lambda/P_C$ 接近为 1。表 1.1 给出了不同能量的高能 X（γ）射线的 $C_\lambda$ 值。

**表 1.1 不同射束质的 $C_\lambda$ 值**

| 射束质 | $C_\lambda$（水中） | $C_\lambda$（组织中） | 射束质 | $C_\lambda$（水中） | $C_\lambda$（组织中） |
|---|---|---|---|---|---|
| 铯 -137γ，钴 -60γ | 0.95 | 0.94 | 14MV X | 0.92 | 0.91 |
| 2MV X | 0.95 | 0.94 | 16MV X | 0.91 | 0.90 |
| 4MV X | 0.94 | 0.93 | 18MV X | 0.91 | 0.90 |
| 6MV X | 0.94 | 0.93 | 20MV X | 0.90 | 0.89 |
| 8MV X | 0.93 | 0.92 | 25MV X | 0.90 | 0.89 |
| 10MV X | 0.93 | 0.91 | 30MV X | 0.89 | 0.87 |
| 12MV X | 0.92 | 0.91 | 35MV X | 0.89 | 0.86 |

对高能电子束，水中吸收剂量计算的标准公式为

$$D_W = MNC_E$$

式中，$C_E$ 为高能电子束吸收剂量转换因子，其公式为

$$C_E = \frac{W}{e}d\left[\frac{(\bar{S}/\rho)_w}{(\bar{S}/\rho)_a}\right]_{\overline{E_z}}\frac{P_\lambda}{P_C}$$

式中，$\overline{E_z}$ 表示在水中 $z$（cm）深度的电子束平均能量，公式为

$$\overline{E_z} = \overline{E_0}(1 - z/R_p)$$

表 1.2 给出了利用蒙特卡洛方法计算出的水中的 $\overline{E_z}$ 和 $\overline{E_0}$ 的数值关系。其中，$\overline{E_0}$ 为高能电子束的表面平均能量，$R_p$ 为电子束的实际射程。

**表 1.2　高能电子束水中深度 z 处的平均能量 $\overline{E_z}$ 与表面平均能量 $\overline{E_0}$ 的关系**

| $z/R_p$ | 表面平均能量 | | | | | |
|---|---|---|---|---|---|---|
| | 5MeV | 10 MeV | 20 MeV | 30 MeV | 40 MeV | 50 MeV |
| 0.00 | 1.000 | 1.000 | 1.000 | 1.000 | 1.000 | 1.000 |
| 0.05 | 0.943 | 0.941 | 0.936 | 0.929 | 0.992 | 0.915 |
| 0.10 | 0.888 | 0.994 | 0.875 | 0.863 | 0.849 | 0.835 |
| 0.15 | 0.931 | 0.826 | 0.815 | 0.797 | 0.779 | 0.761 |
| 0.20 | 0.772 | 0.766 | 0.754 | 0.732 | 0.712 | 0.692 |
| 0.25 | 0.712 | 0.705 | 0.692 | 0.669 | 0.648 | 0.627 |
| 0.30 | 0.651 | 0.645 | 0.633 | 0.607 | 0.584 | 0.561 |
| 0.35 | 0.587 | 0.583 | 0.574 | 0.547 | 0.525 | 0.503 |
| 0.40 | 0.527 | 0.523 | 0.514 | 0.488 | 0.466 | 0.444 |
| 0.45 | 0.465 | 0.462 | 0.456 | 0.432 | 0.411 | 0.390 |
| 0.50 | 0.411 | 0.407 | 0.399 | 0.379 | 0.362 | 0.345 |
| 0.55 | 0.359 | 0.355 | 0.348 | 0.329 | 0.314 | 0.299 |
| 0.60 | 0.313 | 0.309 | 0.300 | 0.282 | 0.269 | 0.256 |
| 0.65 | 0.270 | 0.265 | 0.255 | 0.239 | 0.228 | 0.217 |
| 0.70 | 0.231 | 0.226 | 0.216 | 0.202 | 0.192 | 0.182 |
| 0.75 | 0.197 | 0.191 | 0.180 | 0.168 | 0.159 | 0.150 |
| 0.80 | 0.164 | 0.159 | 0.149 | 0.138 | 0.131 | 0.124 |
| 0.85 | 0.137 | 0.131 | 0.120 | 0.111 | 0.105 | 0.099 |
| 0.90 | 0.114 | 0.108 | 0.096 | 0.089 | 0.084 | 0.079 |
| 0.95 | 0.091 | 0.086 | 0.076 | 0.069 | 0.065 | 0.061 |
| 1.00 | 0.077 | 0.071 | 0.059 | 0.053 | 0.049 | 0.045 |

如前所述，电子束的能量随水的深度而变化，因此表现出 $C_E$ 值随不同深度取不同的值。表 1.3 给出各种能量电子束在水中不同深度处的 $C_E$ 值。

**表 1.3　各种能量电子束在水中不同深处的 $C_E$ 值**

| 深度/cm | 电子束能量/MeV | | | | | | | | | |
|---|---|---|---|---|---|---|---|---|---|---|
| | 5 | 10 | 15 | 20 | 25 | 30 | 35 | 40 | 45 | 50 |
| 1 | 0.992 | 0.877 | 0.843 | 0.823 | 0.808 | 0.795 | 0.784 | 0.775 | 0.768 | 0.762 |
| 2 | | 0.893 | 0.858 | 0.835 | 0.819 | 0.816 | 0.795 | 0.786 | 0.778 | 0.771 |
| 3 | | 0.915 | 0.871 | 0.848 | 0.830 | 0.824 | 0.804 | 0.794 | 0.786 | 0.778 |

续表

| 深度/cm | 电子束能量/MeV | | | | | | | | | |
|---|---|---|---|---|---|---|---|---|---|---|
| | 5 | 10 | 15 | 20 | 25 | 30 | 35 | 40 | 45 | 50 |
| 4 | | 0.947 | 0.886 | 0.859 | 0.840 | 0.831 | 0.812 | 0.801 | 0.792 | 0.785 |
| 5 | | 0.963 | 0.901 | 0.871 | 0.847 | 0.839 | 0.819 | 0.809 | 0.799 | 0.791 |
| 6 | | | 0.933 | 0.885 | 0.856 | 0.846 | 0.825 | 0.815 | 0.806 | 0.798 |
| 7 | | | 0.965 | 0.902 | 0.867 | 0.854 | 0.832 | 0.821 | 0.812 | 0.803 |
| 8 | | | | 0.959 | 0.882 | 0.865 | 0.839 | 0.827 | 0.816 | 0.808 |
| 9 | | | | 0.926 | 0.898 | 0.878 | 0.847 | 0.832 | 0.820 | 0.814 |
| 10 | | | | | 0.917 | 0.890 | 0.856 | 0.840 | 0.827 | 0.819 |
| 11 | | | | | 0.946 | 0.906 | 0.866 | 0.848 | 0.834 | 0.823 |
| 12 | | | | | 0.939 | 0.929 | 0.879 | 0.857 | 0.841 | 0.829 |
| 13 | | | | | | 0.959 | 0.890 | 0.867 | 0.848 | 0.835 |
| 14 | | | | | | 0.933 | 0.907 | 0.877 | 0.857 | 0.842 |
| 15 | | | | | | | 0.924 | 0.890 | 0.866 | 0.849 |
| 16 | | | | | | | 0.954 | 0.903 | 0.876 | 0.857 |
| 17 | | | | | | | 0.929 | 0.919 | 0.887 | 0.864 |
| 18 | | | | | | | | 0.940 | 0.900 | 0.874 |
| 19 | | | | | | | | 0.936 | 0.915 | 0.883 |
| 20 | | | | | | | | | 0.935 | 0.895 |
| 21 | | | | | | | | | 0.943 | 0.908 |
| 22 | | | | | | | | | 0.921 | 0.924 |
| 23 | | | | | | | | | | 0.945 |
| 24 | | | | | | | | | | 0.918 |

高能电离辐射吸收剂量测量的 $C_\lambda$ 和 $C_E$ 方法，在 20 世纪 80 年代以前得到普遍应用。同时，这一方法本身的不足和互相矛盾也引起众多学者的注意。正如美国医学物理学家协会发表的测量规程所归纳的，$C_\lambda$ 和 $C_E$ 方法存在的主要问题有：

（1）使用空气照射量校准因子测量模体内的照射量是有问题的，因为这要求电离室的空气校准因子在模体中不随测量深度和射野的变化而保持为一常数。而在实际模体中，相当部分的吸收剂量的贡献是由能量较低的散射线贡献的，这完全不同于空气中校准的情况。

（2）在测量高能 X（γ）射线时，$C_\lambda$ 方法将电离室假设为水的等效材料，而高能电子束测量时，$C_E$ 方法又假设电离室为空气等效材料。实践中一个电离室既要适合测量高能 X（γ）射线又要适合测量电子束，在应用时陷入了矛盾。

（3）对所有的电离室都应用了相同的置换因子，而不考虑辐射质和测量深度的影响，显然是不正确的。实际上这一因子既依赖于电离室的几何结构，又依赖于射线能量和测量条件。

## 第二节　吸收剂量标定的 IAEA TRS-277 时代

如前节所述，$C_\lambda$ 和 $C_E$ 方法经 20 多年的应用，暴露出一些不足。主要是没有充分考虑现场使用的电离室形状对水辐射的影响和 $C_\lambda$、$C_E$ 值对不同室壁材料的依赖性。1980 年以后，一些协会及组织相继提出了各自的新测量规范，其中最具代表性的是国际原子能机构出版的第 277 号报告（IAEA Technical Report Series NO.277，TRS-277）《光子和电子束吸收剂量测定的国际操作规范》（*Absorbed Dose Determination in Photon and Electron Beams: An International Code of Practice*）。该报告出版于 1987 年，并于 1997 年更新发布了第二版本。在第二版本中更新了原报告中主要针对千伏级 X 光子束剂量学部分的内容，同时也公布了高能电子束和高能光子束中的平行板电离室测定方法（IAEA Technical Report Series NO.381，TRS-381），主要用来规范电子束的标定。目前，IAEA TRS-277 报告在欧洲或美洲或许已是过去式，但因某些特殊原因，在我国还是主要的测量标定方法。

IAEA TRS-277 报告与 $C_\lambda$ 和 $C_E$ 方法的主要区别在于用吸收剂量的空气校准因子 $N_D$，取代原方法中的经钴 –60γ 射线照射量校准因子 $N$（或 $N_C$）；不再使用 $C_\lambda$、$C_E$ 转换因子和统一的扰动修正因子；引入相对不同能量光子和电子束的一系列有关参数和有效测量点的概念。根据 IAEA TRS-277 报告，束流中心轴上某特定深度处的吸收剂量可根据以下公式计算得出：

$$D_w=MN_D(S_{w,a})P_uP_{cel}K_{TP}$$

其中，$M$ 为剂量仪读数；$S_{w,a}$ 为水和空气阻止本领比；$K_{TP}$ 为温度气压修正因子；$N_D$ 为空气吸收剂量校准因子，可由空气比释动能校准因子 $N_K$ 得到：

$$N_D=N_K(1-g)K_{att}K_m$$

式中，$g$ 为次级电子在空气中以韧致辐射形式损失的能量份额，对于钴 –60γ 射线，$g$=0.003；$K_{att}$ 为电离室材料对射线吸收和散射的修正因子；$K_m$ 为电离室材料空气不完全等效的修正因子。每种型号的电离室有对应的 $K_{att}$，$K_m$ 值，可以通过表格查到。水模体中束流中心轴上最大剂量深度处的吸收剂量 $D_m$ 可表示为

$$D_m=D_w/PDD$$

根据 IAEA TRS-277 法，高能 X 射线电离室几何中心实际放置在测量深度加 0.6$r$ 处（$r$ 为电离室半径），高能电子束电离室几何中心实际放置在测量深度加 0.5$r$ 处。第三章着重讲述 IAEA TRS-277 的方法，本章不再详细描述。

## 第三节 吸收剂量标定的 IAEA TRS-398 或 TG-51 时代

众所周知，在标准剂量学实验室条件下，使用空气比释动能 $K_{air}$ 基准对电离室进行校准到在使用单位条件下使用基于 $N_{D,air}$（用 $N_x$ 或 $N_k$ 转化而来）的剂量学协议测定水吸收剂量的过程，需要经过多个步骤，从而使实际测得的吸收剂量具有一定的不确定性。为了使这种不确定误差降到最低，有专家提出使用水吸收剂量作为基准，同时强调使用相同物理量、测量条件的优势。因此，国际上众多实验室开始从事测量水吸收剂量方法的研究工作，最终这些研究导致标准电离室的基准量发生质的变化，并且提供应用于治疗级射线束的水吸收剂量校准因子 $N_{D,w}$。2000 年，国际原子能机构发布了《外照射吸收剂量的测定：基于水的标准吸收剂量的剂量测定的国际操作规范》（*Absorbed Dose Determination in External Beam Radiotherapy: An International Code of Practice for Dosimetry Based on Standards of Absorbed Dose to Water*）技术报告，即 IAEA TRS-398 报告，该报告直接在水中校准电离室，减少了在空气中校准的不确定度，同时计算公式更加简便，从而减少了校准的不确定度。

这种更稳定、更耐用的初级标准，相对于比释动能标准，不存在假定和对修正因子的评估，就标准的一致性而言，它在精度上拥有更高的可信度。以往的标定校准在实际操作过程中要实现自由空气比释动能向模体中水吸收剂量的转换是十分困难的。IAEA TRS-277 中给出的公式和多数国家、国际组织测定水吸收剂量的协议中都使用到一些系数、扰动修正因子和其他修正因子。这种复杂性通过使用到的方程和选取合适数据时需要使用到的一些程序来体现，有时甚至连依赖于相关测量电离室物理属性方面的因素都要考虑进去。但是 IAEA TRS-398 的测定方法，一开始就使用水吸收剂量形式的校准因子，无形中对参与其中的众多影响因子做了统一修正，从而使程序简化，最终降低测量中存在的潜在不确定性。

在使用范围上，IAEA TRS-398 也给予了充分的扩展。IAEA TRS-398 使所有应用到放射治疗中的射束建立起内在性统一的基于水吸收剂量标准的剂量学体系成为可能。IAEA TRS-398 报告系统性地提供了外照射治疗中低能/中能/高能 X 射线/高能电子束/质子束和重离子束条件下水吸收剂量的测定方法。有关 IAEA TRS-398 直线加速器的标定校准方法将在第五章中详细描述。

在国际原子能机构发布 IAEA TRS-398 之前，美国医学物理学家协会于 1983 年出版了 TG-21 报告，1999 年对其进行了更新，出版了 TG-51 报告。TG-51 报告类似于 IAEA TRS-398，但仅限应用于直线加速器高能 X 射线和电子束。在北美众多科研教学治疗机构中，TG-51 被广泛应用于 MV 级直线加速器射束校准。有关 TG-51 直线加速器的标定校准方法将在第四章中详细描述。

# 第二章　医用直线加速器剂量标定设备简介

医用直线加速器的剂量标定必须要有一定的测量设备支持，包括测量电离室、测量剂量仪、测量水箱及气压计、温度计等。最具典型的电离室和剂量仪有 IBA、PTW 及 Sun Nuclear 公司生产的电离室和剂量仪，不同厂家生产的电离室与剂量仪有不同的结构尺寸与特性，在使用之前，必须认真阅读相关说明书。测量水箱一般有电离室位置固定的水箱和电离室可移动的一维、二维及三维水箱。有关电离室、剂量仪及水箱的结构与特性，将在本章中逐一进行介绍。

## 第一节　测量电离室简介

电离室是最早应用的电离辐射探测器，至今仍被广泛应用于各种辐射测量场所。其工作原理主要是通过测量电离辐射在与物质相互作用过程中产生的次级粒子的电离电荷量，再通过相关计算转换得出水中的吸收剂量。在直线加速器的标定过程中，用得最多的是指形电离室，在部分低能电子束标定过程中也会用到平板电离室。

### 一、指形电离室与平板电离室

目前国内普遍使用的指形电离室主要是 Farmer 型指形电离室，由英国物理学家 Farmer 设计并命名，其标准结构和几何尺寸如图 2.1 所示。室壁材料的有效原子序数和电子密度都是空气等效材料，如石墨。中心电极多用铝制成，作为电离电荷的收集极。两极一般加直流 200～400V 电压。测量的弱电流仅在 $10^{-12}$A 量级，常用的绝缘材料为琥珀、聚四氟乙烯等。常用的空腔体积有 0.6cc[①]、0.3cc 等。电离室分为密封型和非密封型两种，密封型电离室具有细短的把柄，多用在三维水箱中作相对测量；非密封型电离室室壁有一小孔使内部空气与大气相通，将其套在乳胶管或适形的有机玻璃管中才能在水中测量，可作绝对剂量测量。指形电离室通常用来校准中能和 MV 级的 X 射线以及能量高于 10MeV 的电子束。

在光子建成区或低能电子束测量时，由于剂量随深度的变化较快，Farmer 型电离室的直径就会显得较大，而较大的空气内腔会干扰其测量准确性。要解决这个问题，就需要使用平板电离室。平板电离室有两个很薄的、间距很小且相互平行的电极，其中一个电极是一个非常薄的窗，射线可以穿过这个窗而进入电离室。

① 1cc=1$cm^3$

通常入射窗由箔或塑料薄膜制成，厚度只有0.01～0.03mm。入射窗内表面涂有导电材料，形成外电极。内电极是一个相对于外电极的圆盘，镶嵌于绝缘体中，为电荷信号的收集电极。平行板电离室的灵敏体积是内外电极之间的电力线所穿过的范围，一般为0.05～0.5cm$^3$。环绕内电极，并与其有相同电位的第三电极是保护环，起保持灵敏体积边缘电场均匀的作用。平行板电离室的主要优点之一是腔内散射扰动效应小，因此可以认为电离效应基本是由射束通过入射窗而产生的，而由电离室侧壁产生的电离效应可以忽略。这一设计确定了平行板电离室的有效测量点位于空气腔前表面的中心，且不随射束的能量而改变。图2.2（a）为平板电离室结构示意图，图2.2（b）为PTW Advanced Markus Chamber Type 34045平板外观示意图。

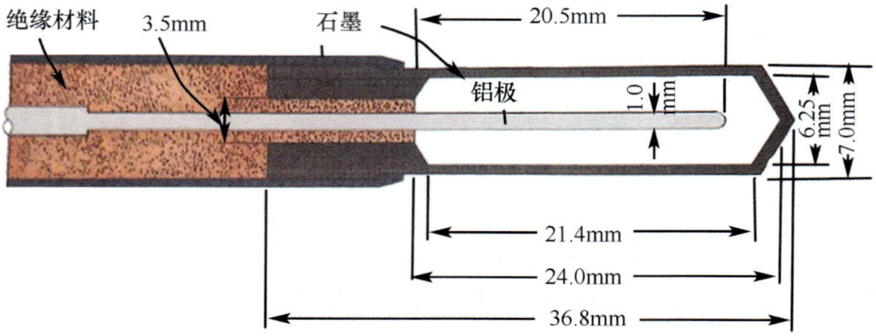


图2.1　Farmer型指形电离室结构和几何尺寸示意图

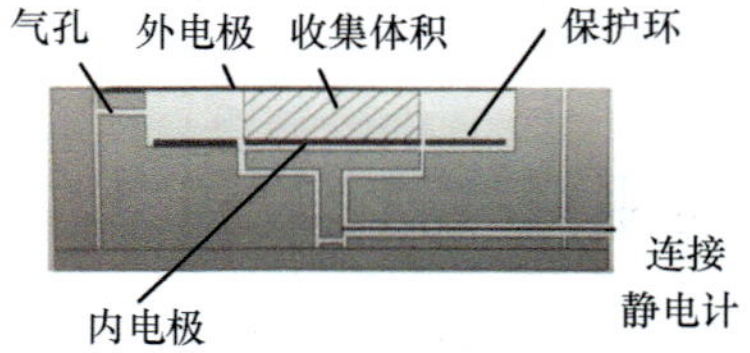


(a)平板电离室结构示意图

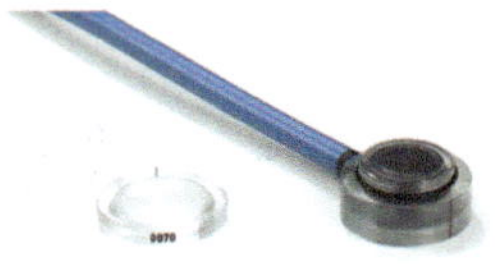

(b) PTW 34045 平板外观示意图

图2.2　平板电离室结构示意图

## 二、电离室主要相关工作特性

为了保证电离室测量的精度，除定期（一般每年一次）将其和静电计送国家标准实验室校准外，在实际使用时须了解电离室本身所具有的特性，并掌握正确的使用方法和按照测量的要求给予必要的修正。

### （一）电离室的方向性

由于电离室本身固有的角度依赖性，其灵敏度与所受电离辐射的入射方向相关。平常使用时，正确的方法是指形电离室应使其主轴线与射线束中心轴的入射方向相垂直；平板电离室前表面与射线束中心轴的入射方向相垂直（图2.3）。

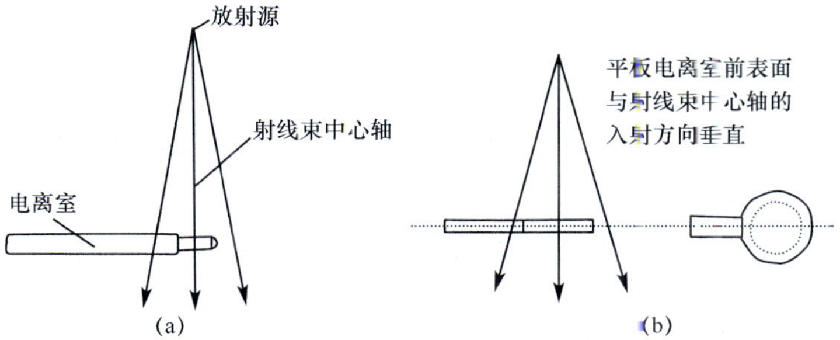


图 2.3　电离室方向性正确放置示意图

### （二）电离室的饱和特性

电离辐射在气体中产生的正、负离子，会存在扩散运动及正负离子的复合作用，从而影响电离效应与电离室输出信号之间的对应关系。这种扩散运动与复合作用随电离室工作电压强度的变化而变化，当电离室工作电压较低时，正负离子的复合与扩散作用显得较为突出；当电离室工作电压达到其饱和区时，复合与扩散影响已基本消除，随工作电压增加，因边缘效应的影响略有增加。当然工作电压的改变主要还是消除扩散作用，但正负离子的复合并不能完全消除，需要另外给予修正。

### （三）电离室的复合效应

如上所述，电离室即使工作在饱和区，也存在正、负离子的复合效应（composition effect）的影响，这种影响与辐射类型和辐射强度相关。复合效应的校正，通常采用“双电压”实验方法。具体的方法是，对相同的辐射场，电离室分别采用两种不同的工作电压 $V_1$ 和 $V_2$，其中 $V_1$ 为常规工作电压，并且 $V_1$ 与 $V_2$ 的比值一般大于等于 3，得到不同工作电压时的收集电荷数 $Q_1$ 和 $Q_2$，然后利用 IAEA 技术报告第 277 号中所推荐的二次多项式计算得到复合修正因子 $P_s$：

$$P_s=a_0+a_1(Q_1/Q_2)+a_2(Q_1/Q_2)^2$$

式中，$a$ 为实验拟合系数。不同类型的电离辐射的 $a$ 值请参阅相关文献。

### （四）电离室的杆效应

电离室的灵敏度也会受到电离室金属杆和电缆在电离辐射场中的被照范围的影响。因为电离室的金属杆和绝缘体及电缆在辐射场中会产生微弱的电离，叠加在电离室的信号电流中，形成电离室杆的泄漏，这一效应称为杆效应（stem effect）。电离室的杆效应一般较小（< 1.0%），但也有的电离室会高达 10%，故在实际应用中应尽力避免并给予修正。对 X（γ）射线，其杆效应表现有明显的能量依赖性，能量越大，杆效应越明显。而对电子束，表现不甚明确，似乎 6MeV 电子束的杆效应最大。此外，当电离室受照范围较小时，杆效应变化不大，当受照长度超过 10cm 时，基本不再变化。

### （五）电离室的极化效应

在一定的电离辐射中，电离室收集到的电离电荷会因电离室收集极工作电压极性的改变而变化，这种现象称为极化效应（polarization effect）。当电离室正常工作在饱和区时，引起极化效应的主要原因是：①对指形电离室，电离室的电极结构的形式造成空间电荷的分布依赖于电离室收集极的极性。正负离子的迁移率不同，造成收集效率的差异。这一差异可通过提高收集极电压而减小，但并不能最终消除。②由高能光子产生的高能次级电子如康普顿电子可形成康普顿电流，这也会因收集极不同的极性增加或减少信号电流。其中的部分电子可能会被收集极所阻止，但一般情况下，不能由收集板产生的反冲电子补偿。对平行板电离室，这种影响较为明显。为了消除这一误差，可通过变化电离室工作电压的极性，将不同极性电压测量结果的平均值视为真实的电离电流。③电离室灵敏体积以外收集到的电流，也会引起极化效应。电离室的极化效应对电子束测量的影响要高于对光子测量的影响，并随电子束能量的减少而增加。极化效应通过电离室的设计和辅助电路可以减弱。为提高电离室的测量精度，电离室的极化效应应控制在 0.5% 以内。

### （六）环境因素对电离室工作特性的影响

非密封型电离室，室腔中的空气质量随环境温度和气压变化而改变，即气压增加或温度降低，空气质量会随之增加，从而直接影响电离室的测量灵敏度，现场使用时，必须给予修正。如果温度以摄氏度（℃）为单位，气压以毫巴（mbar）为单位，修正因子与温度和气压的关系为

$$K_{TP}=\frac{273.2+t}{273.2+T}\frac{1013}{p}$$

式中，$T$ 为电离室在国家实验室校准时的温度，一般为 20℃或 22℃；$t$ 为现场测量时的温度；$p$ 为现场测量时的气压。

除了温度气压外，工作环境中空气的相对湿度对电离室的影响一般比较小。如果电离室校准时的相对湿度为 50%，且现场测量时的相对湿度在 20%～70% 范围内，则一般不需要对电离室的灵敏度作相对湿度的修正。

## 三、电离室的防水特性

随着测量精度的要求越来越高，现代的电离室测量或校准通常在水中进行。为保证测量的精确性和安全性，在使用电离室测量或校准之前，务必清楚所使用的电离室是否防水设计。以 PTW 公司生产的 Type 30010\30013\31010\34001 为例，由于 Type 30010 电离室主要用在固体模体中的测量，所以其是不防水的，在使用说明书中明确说明不防水（not waterproof）（图 2.4）。而 Type 30013\31010\34001

则是全部按防水设计的，图 2.5 为 Type 34001 的说明书，图 2.6 为 Type 30013\31010\34001 三种型号电离室包装盒上的说明，图 2.6 也告知我们当包装盒上没明确标识时，一定要再查说明书。

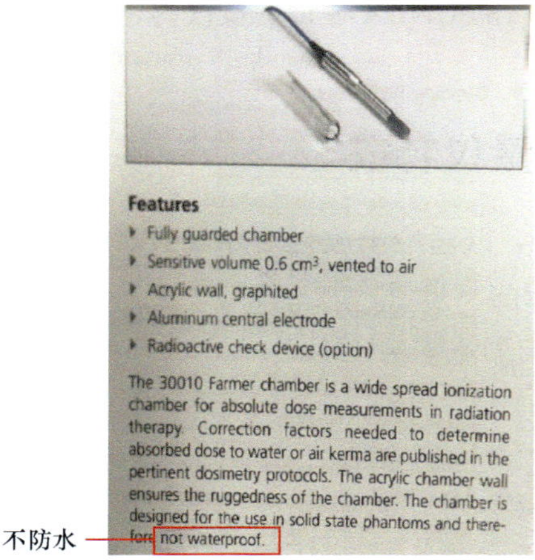


图 2.4　Type 30010 说明书

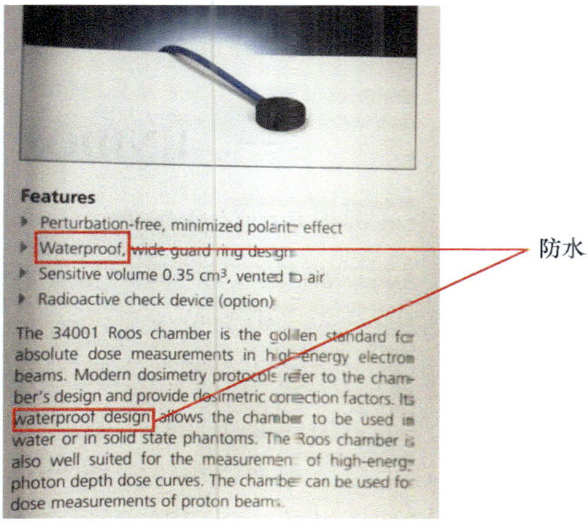


图 2.5　Type 34001 说明书

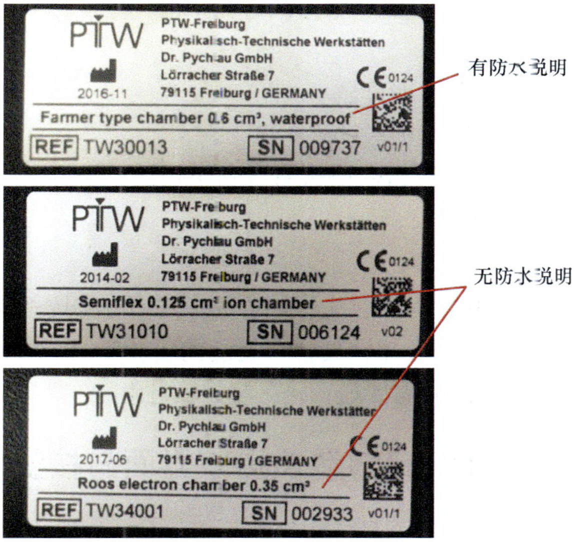


图 2.6　Type 30013\31010\34001 包装盒上的说明

## 第二节　测量剂量仪简介

第一节中介绍的电离室主要起到收集电荷的作用，为了使电离室收集到的电荷有一个量化的指标，电离室必须与静电计相结合，我们通常把这类静电计称为测量剂量仪。现代测量静电计通常有两个功能：①为与其相连接的电离室电极提供偏置电压，偏置电压通常有多个挡位，电压极性可转化，一般测量电压为

±300V；②测量收集的电荷。放射治疗中应用的电离室收集的电荷数量是非常小的，其数量级通常只有 $10^{-9}$，静电计在此起到放大收集、显示作用。目前在放疗场所中，普遍在用的测量剂量仪有 IBA 公司的 DOSE 1 等系列剂量仪、PTW 公司的 UNIDOS E 等系列剂量仪。下面就将以 PTW 公司的 UNIDOS E 剂量仪为示范做简单的介绍。

## 一、UNIDOS E 剂量仪特征

（1）由微处理器控制的通用型工作级剂量计，既适应于放射治疗与放射诊断中的剂量和剂量率的测量，又可进行长度剂量乘积的测量。

（2）以放射学或者电学单位显示剂量/电量和剂量率/电流。

（3）以电离室和固体探测器进行测量。

（4）电离室菜单能显示储存于数据库中的多至 35 种探头。

（5）可在市电或电池供电下工作（电池持续多达 5 小时）。

（6）经过校正过的放射学数据被加口令保护。

（7）放射学测量数据可任意修正。

（8）高压可由 0V 调节至 400V，以 50V 为进阶。

（9）3 位宽动态测量范围。

（10）简单的操作指导和大屏幕显示。

（11）永久储存预先设置的机器设置。

（12）宽电压电源，100～230V（±15%）市电压。

（13）高灵敏输入放大器。

（14）放大器配有干燥剂。

注意事项：UNIDOS E 作为灵敏的测量装置，需要定时按规定程序对剂量计进行日常检查和保养；至多每隔 2 年，要在有资质的实验室对 UNIDOS E 进行刻度；不可以对 UNIDOS E 直接照射或将其暴露在散射辐射中。

## 二、UNIDOS E 剂量仪操作界面与按键功能

如图 2.7 所示，UNIDOS E 剂量仪操作界面都分布在仪器的前、后两个面板上。

前面板按键功能如下：

MOD——切换剂量与剂量率测量方式。所选择的测量方式显示在左上角的状态行。

RGE——调整量程。量程分为“高”“中”“低”三挡。量程显示位置在上部中心的状态行。

NUL——将装置自动归零。如果剂量计正在执行自动归零，可按“ESC”取消操作。

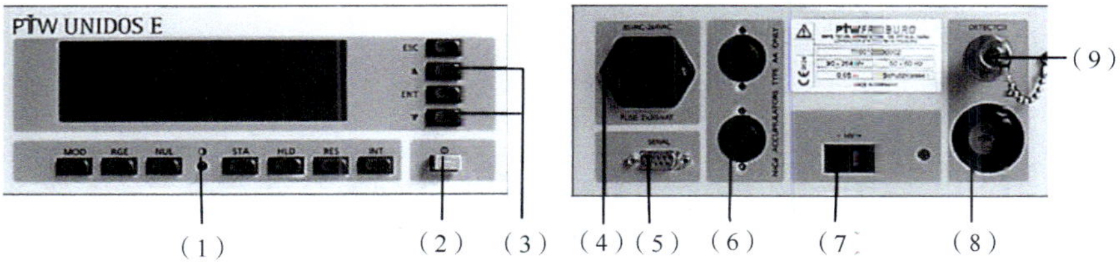

前面板：

（1）分压器可调对比度

（2）开（ON）/关（OFF）键

（3）在液晶（LC）显示屏上选择菜单和↑↓数值，以ENT（回车）确认和ESC（退出）取消操作

后面板：

（4）电源插座

（5）RS232接口

（6）蓄电池

（7）"HV"(高压)转换

（8）干燥器

（9）探头插座

图 2.7　UNIDOS E 前后面板示意图

STA——将显示归零（重置）并开始剂量或电量的测量。"STA"显示于左前部，测量时间显示在位于其上的测量值区域内。

HLD——在不会中断测量的情况下，保留瞬时剂量值，或者剂量率值和时间显示。表示处于保留状态"HLD"显示于测量窗口左部，再次按下 HLD 键，或 RES 键，或 STA 键均可取消此命令。

RES——取消剂量测量，且将剂量和时间显示归零。不影响剂量率的显示。

INT——在预设的时间内进行测量。等效 STA（开始测量），但到达预置测量时间后，进入保留（HLD）状态。默认测量时间是 60s。

ESC+RES——剂量计重置（等效于重置键）。

STA、RES 和 INT 键在剂量率测量中均不起作用。

## 三、UNIDOS E 剂量仪常规测量步骤

（1）检查位于剂量计后面的开关挡，确保已经被调拨至剂量计在实验室刻度时的电压极性。

（2）连接电离室探头，将电离室探头的另一端与剂量仪的信号输入端连接。这里要注意的一点是：先确认将要连接的电离室是剂量仪默认选择的电离室。如果不能确定，请不要连接电离室，先进入剂量仪选择好电离室后再连接。目的是防止加错高压而损坏电离室。

（3）连接电源线，并将剂量计与电源接通。

（4）根据个人需要，将装置的支架竖起，以获得满意的视角。

（5）按开/关（ON/OFF）键开机，PTW 标识和机器版本号将显示大约 2 秒，随后在测量值窗口将出现图 2.8 所示界面。

（6）UNIDOS E 设置如下：

1）基本参数设置。UNIDOS E 允许用户使用 SETUP 菜单，对剂量计性能进

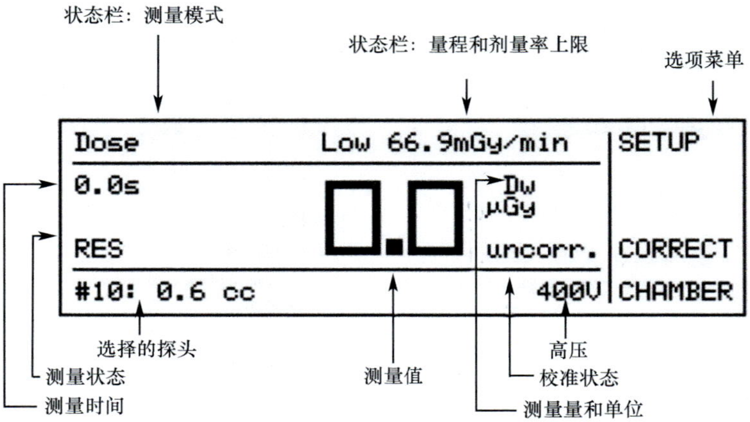


图 2.8　UNIDOS E 开机后测量值窗口示意图

行一定的调整。设置被存入固定（non-volatile）存储器中，这样即使关机也不会改变已有的设置。在主菜单选 SETUP 项，使用光标键将闪烁光标放置于 SETUP 下，然后按下 ENT 键，进入可选择测量时间（间隔时间）、设置放射学/电学单位、使用语言、RS232 接口设置及其他 5 个基本设置选项。用户可一一进入选择后自动保存。一般情况下，第一次设置好后，就不需要再次设置。

2）电离室参数设置。在使用 UNIDOS E 前，用户应在 CHAMBER（电离室）菜单中输入所要应用的电离室参数，可将多达 35 种探测器参数输入到 UNIDOS E 的 CHAMBER 菜单。电离室参数一旦输入后，用户可按需选择与测量相一致的电离室。对于每个探测器电离室，必须输入名称、探头序列号、测量量、刻度因子、剂量率单位参考时间、工作电压。电离室设置好后，就不需要再次设置，下次只要进入选择合适的电离室即可。

3）修正因子设置。这里的修正因子主要是温度与气压，只要用户把现场的温度与气压直接输入剂量仪，选择修正因子修正后，剂量仪会自动修正温度与气压。另外，还可以设置其他修正系数。如果不加入其他修正因子，则把其他修正因子全部设置为 1 即可。

（7）进行测量。将电离室连接到 UNIDOS E 上连接完成后，需要进行预热，一般 15 分钟后电离室内部电压趋于稳定。预热后，测量本底，再进行其他项目的测量。

## 第三节　测量水箱简介

在放射治疗中，人体组织所接受的电离辐射的吸收剂量一般是通过组织替代水模体中的吸收剂量进行转换，因此对吸收剂量的校准，一般都是在水模体（水箱）中进行。早期的测量水箱通常是一个固定的水膜体，即固定的箱子里装满水，这种水箱通常把电离室固定在距离测量表面 5cm 处，测量时电离室在水下固定位置。

为了能测量不同深度下的剂量，将常用的水箱改为可即时注入水的普通水箱，水箱可以通过加入不同量的水来改变电离室的深度。为了更加有利于方便测量，水箱里安装了机械运动机构及计算机控制系统等，构成了目前的 1D、2D、3D 扫描水箱。下面将逐一给予简单的介绍。

## 一、早期固定水箱

早期固定水箱见图 2.9，目前只有很少用户在用，其缺点也是明显的，其设计的电离室中心与上表面的距离是固定的，也就是说上表面到电离室中心的深度为 5cm，按照有关电离室有效测量点的规定（IAEA 测量规程 1997 年修订版建议，对高能 X 射线有效测量点为电离室中心前方 0.6*r* 处，*r* 为电离室内半径），因此用这种水箱测得的 X 射线高能剂量为电离室前方 0.6*r* 处的剂量。显而易见，这种水箱无法测量电子束。因此，这种水箱已经不适合目前的测量要求，被淘汰是必然的。

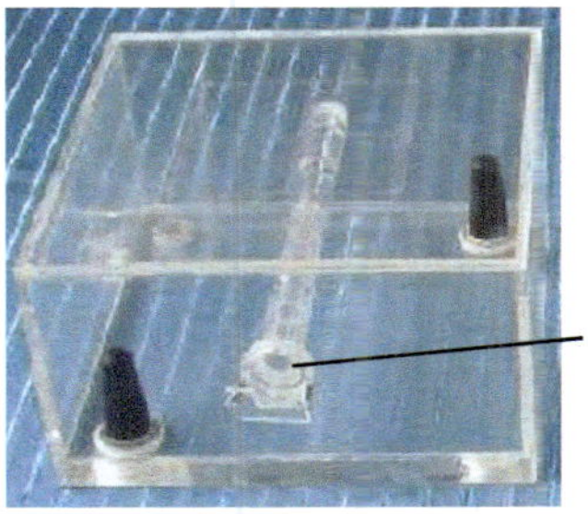

图 2.9　早期固定水箱示意图

## 二、常规普通水箱

图 2.10 是目前国内基层医院用得最多的常规普通水箱。它一般由 5 块有机玻璃板合成一个 30cm×30cm×30cm 的水箱，其中两块与电离室适配插孔平行的侧板上标有刻度尺，用来记录水箱水位高度。电离室适配插孔的中心一般与刻度尺 0 位置水平，为了方便测量不同深度下的剂量，通常有水下 5cm 和 10cm 两种情况，有的水箱会设置两个电离室适配插孔的位置。水箱底下有四个水平调节脚，用来调整水箱的水平度。

图 2.10　常规普通水箱示意图

此类水箱在使用时，通常根据测量条件往水箱里加入不同量的水，从而达到测量所需的深度。一般情况下，将水注入电离室后，要静等一段时间，让电离室里的空气尽量与水温一致，用测量水温的方法来修正测量温度。这种水箱的缺点是电离室适配插孔固定、单一，且是用一定厚度的有机玻璃做成的，并不是直接在水中测量,如果把它近似成水则会带来一定的误差。目前的最新加速器标定技术，都要求直接在水里测量，因此此类水箱也不用于最新的标定技术，如下文详述的TRS-398 标定、TG-51 标定。另外，此类水箱一般无法配备平板电离室的适配器，故无法使用平板电离室。

## 三、一维（1D）扫描水箱

由于普通水箱的电离室适配器是固定的，所以需要根据测量不同深度注入不同量的水，这样将给测量工作带来不便，于是就出现了可移动电离室来改变测量深度的一维（1D）扫描水箱。如图 2.11 所示 PTW MP1 手动一维水箱，外观与常规普通水箱一致，但电离室的适配插孔由可移动的垂直机械臂代替。

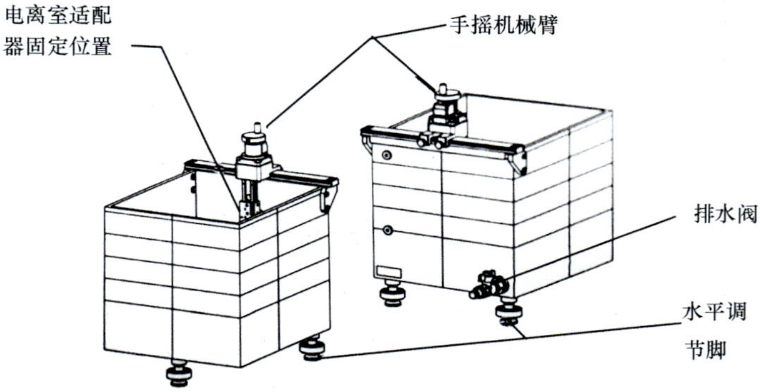


图 2.11　PTW MP1 手动一维水箱示意图

此类一维扫描水箱的电离室是直接浸泡在水中的，测量前务必确认使用的电离室与电离室适配器是否配套，以及电离室是否防水。由于其使用的方便性及可操作性，此类水箱可用于日常的快速测量与校准。缺点：电离室只能上下移动，需配置特定的电离室适配器。

## 四、二维（2D）扫描水箱

二维（2D）扫描水箱在一维扫描水箱的基础上增加了电离室的左右移动，其外部框架与一维水箱略有不同，如图 2.12 所示。

此类二维扫描水箱通常用于直线加速器厂家调节加速器平坦度及对称性。目前市场上的二维水箱也有呈长方体形状的，由于其箱体的扁平状，在测量时因宽度不够，可能对散射性的贡献有影响，从而影响到实际的剂量值，因此直线加速器的标定不建议使用长方体状的二维扫描水箱。

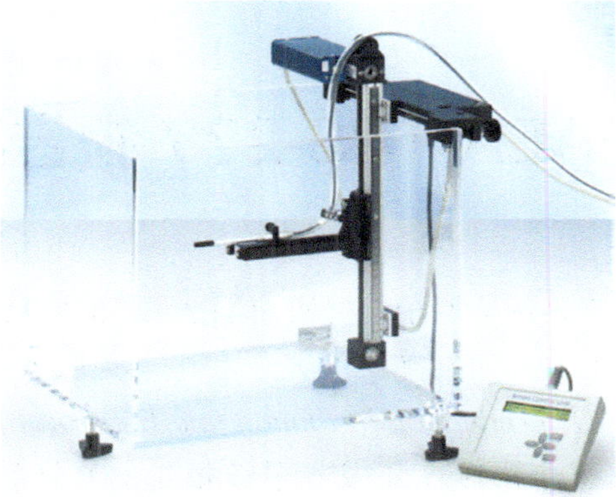

图 2.12 二维扫描水箱示意图

## 五、三维（3D）扫描水箱

三维（3D）扫描水箱是目前扫描水箱中最高级的水箱，它可以使电离室在 *X\Y\Z* 三个坐标轴方向上运动，从而在扫描范围内的任何一个三维空间点开展测量。三维水箱是医用肿瘤放射治疗的必备质控设备，主要用来对医用直线加速器等设备的相关射线数据进行扫描及分析，是由计算机控制的自动快速扫描系统，主要由大水箱、精密步进电机、电离室、控制盒、计算机和相应软件组成。目前临床中使用比较多的是德国 IBA 水箱（蓝水箱）、美国 Sun Nuclear 圆桶水箱以及德国 PTW 水箱（图 2.13）。关于水箱的具体介绍与操作使用可参考相关文献，这里不予详细介绍。

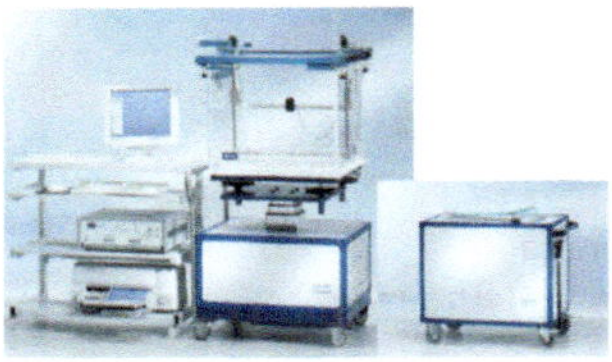

（a）德国 IBA水箱（蓝水箱）

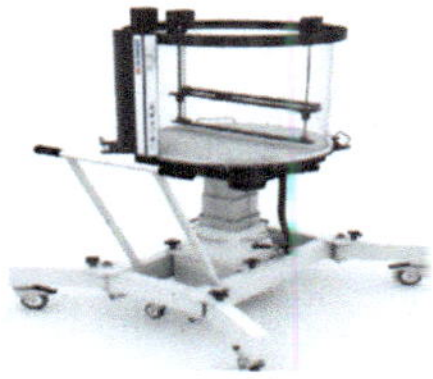

（b）美国Sun Nuclear圆桶水箱

（c）德国PTW水箱

图 2.13 市场常见的三种三维扫描水箱

鉴于三维扫描水箱的电离室三维可控操作性，其水箱体能满足所有射野内的测量，故现代直线加速器的标定测量首选此类扫描水箱。其缺点主要是体积庞大，操作时需要多个人参与。

# 第三章　IAEA TRS-277 报告实践指南

IAEA TRS-277 报告是国际原子能机构（IAEA）和世界卫生组织（World Health Organization，WHO）在 1987 年发布的《光子和电子束吸收剂量测定的国际操作规范》（*Absorbed Dose Determination in Photon and Electron Beams: An International Code of Practice*）技术报告，1997 年发布了该报告的修订版，同年增加的 IAEA TRS-381 技术报告补充了平行板电离室测量内容。该报告用一个空气比释动能或者照射量校准的电离室在模体中测量若干光子和电子束辐射值下的水吸收剂量。我国相关部门根据这一技术规程，于 1991 年颁布了国家计量技术规范《光子和高能电子束吸收剂量测定方法》（JJG1026—1991），并于 1992 年开始实施。该报告同样适用于中低能 X 射线和伽马射线。本章只对高能光子和电子的校准进行说明，对其他能量或射线暂不做描述。

## 第一节　相关参数定义

$M$：电离室测量系统的读数。

$N_{\mathrm{D}}$：电离室空气吸收剂量校准因子。

$N_{\mathrm{D,air}}$：空气中吸收剂量校准因子。

$N_{\mathrm{k}}$：电离室剂量计的空气比释动能校准因子。

$N_{\mathrm{x}}$：电离室剂量计的照射量校准因子。

$D_{\mathrm{m}}$：在模体中测量时某点材料 $m$ 的吸收剂量。

$\overline{E_0}$，$\overline{E_z}$：电子束在模体表面和深度 $z$ 处的平均能量，单位 MeV。

$K_{\mathrm{att}}$：电离室在校准照射时对射线吸收和散射的修正因子。

$K_{\mathrm{m}}$：考虑电离室壁和平衡帽材料在校准辐射值下非空气等效的修正因子。

$K_{\mathrm{pol}}$：电离室极化效应修正因子。

$K_{\mathrm{TP}}$：温度气压修正因子。修正电离室在不同环境条件下，标准实验室规定的标准参考温度和压力与用户设施中电离室的温度和压力之间可能存在差异的影响。

$P_{\mathrm{cel}}$：中心收集极材料的非空气修正因子。

$P_{\mathrm{u}}$：电离室的修正因子。

$K_{\mathrm{s}}$：复合效应修正因子，即由于离子复合导致电离室收集电荷不完全的修正因子。

PDD：百分深度剂量。

$W/e$：在空气中每形成一对离子对消耗的平均能量与电子电荷的比值。

$P_{\mathrm{eff}}$：电离室有效测量点。对于标准的校准形状，即从一个方向入射的辐射束，

$P_{eff}$ 从中心位置向源移动的距离取决于射束和电离室的类型。对于平行板电离室，通常假定 $P_{eff}$ 位于空腔前表面的几何中心。在 TRS-277 报告中，圆柱形电离室的有效测量点的概念适用于所有辐射类型。

$R_{50}$：水中半值深度（单位 g/cm$^2$），用来表示电子束射束质指数。

$R_{100}$：电子束最大剂量深度。

$R_p$：电子束的实际射程。

SAD：源轴距，即放射源到机架旋转轴或机器等中心的距离。

SCD：源室距，即放射源到电离室中心的距离。

SSD：源皮距，即放射源到模体表面照射野中心的距离。

$TPR_{20,10}$：射野 10cm×10cm，源室距 100cm 固定时，20cm 深度和 10cm 深度的水中吸收剂量比，通常作为高能光子束的射束质指数。

$Z_{max}$：最大剂量深度（单位 g/cm$^2$）

$Z_{ref}$：在模体中测量时的参考深度（单位 g/cm$^2$）。参考深度确定后，水中吸收剂量 $D_w$ 指的是射束中心轴和参考深度处平面相交处的剂量。

MU（monitor unit）：指直线加速器射线出束的计数单元，也称“跳数”。通常要求在源皮距 100cm，特定面积下，射束中心轴最大点处，1MU=1cGy。

## 第二节 加速器 X 射线剂量标定

### 一、公式概述

公式如下：

$$D_w = M_u N_D (S_{w.a})_u P_u P_{cel}$$
$$N_D = N_k (1-g) K_{att} K_m$$
$$N_D = N_x (W/e) K_{att} K_m$$
$$N_k = N_x (W/e)[1/(1-g)]$$

能量适用范围：产生光子的电子束能量为 5～50MeV。$M_u$ 为经温度气压、极化效应、复合效应、静电计等影响因子修正后的静电计读数，单位为伦琴（R）。$N_x$ 为电离室在参考射线为 $^{60}Co$ 空气中的照射量校准因子，$N_k$ 为空气中比释动能校准因子，$N_D$ 为空气吸收剂量校准因子，$g$ 为次级电子在空气中以轫致辐射形式损失的能量份额，$K_{att}$ 为电离室材料（包括平衡帽）对射线吸收和散射的修正因子，$K_m$ 为电离室材料空气不完全等效修正因子。常见电离室的 $K_{att}$，$K_m$ 值见表 3.1。

表 3.1 常用电离室的 $K_m$ 和 $K_{att}$ 值

| 电离室名称及型号 | $K_m$ | $K_{att}$ | $K_m K_{att}$ |
|---|---|---|---|
| CAPINTEC 0.07cm$^3$ PR-05P 微型电离室 | 1.002 | 0.988 | 0.990 |
| CAPINTEC 0.14cm$^3$ PR-05 微型电离室 | 1.002 | 0.989 | 0.991 |

续表

| 电离室名称及型号 | $K_m$ | $K_{att}$ | $K_mK_{att}$ |
|---|---|---|---|
| CAPINTEC 0.65cm$^3$ PR-06C Farmer 型（AE 帽） | 1.006 | 0.984 | 0.990 |
| CAPINTEC 0.65cm$^3$ PR-06C Farmer 型（聚苯乙烯帽） | 0.987 | 0.990 | 0.977 |
| CAPINTEC 0.65cm$^3$ PR-06C Farmer 型（PMMA 帽） | 0.993 | 0.990 | 0.983 |
| CAPINTEC 0.60cm$^3$（AAPM） | 0.989 | 0.989 | 0.978 |
| EXRADIN 0.5cm$^3$ Al（2 mm 帽） | 1.006 | 0.985 | 0.991 |
| EXRADIN 0.5cm$^3$ Al（4 mm 帽） | 1.006 | 0.976 | 0.981 |
| EXRADIN 0.5cm$^3$ T2 | 0.965 | 0.985 | 0.950 |
| EXRADIN 0.05cm$^3$ T1 小柄型 | 0.965 | 0.991 | 0.957 |
| FAR WEST TECH 0.1cm$^3$ IC-18 | 0.965 | 0.991 | 0.956 |
| FZH，0.4cm$^3$ TK 01 防水型 | 0.989 | 0.989 | 0.978 |
| NE 0.20cm$^3$ 2515 | 0.980 | 0.988 | 0.968 |
| NE 0.20cm$^3$ 2515/3 | 0.991 | 0.987 | 0.978 |
| NE 0.20cm$^3$ 2577 | 0.994 | 0.987 | 0.982 |
| NE 0.60cm$^3$ Farmer 2505（54～59） | 0.980 | 0.992 | 0.973 |
| NE 0.60cm$^3$ Farmer 2505（59～67） | 0.980 | 0.990 | 0.971 |
| NE 0.60cm$^3$ Farmer 2505/A（67～74） | 0.971 | 0.991 | 0.962 |
| NE 0.60cm$^3$ Farmer 2505/3，3A（71～79） | 0.991 | 0.990 | 0.981 |
| NE 0.60cm$^3$ Farmer 2505/3，3B（74～至今） | 0.974 | 0.991 | 0.965 |
| NE 0.60cm$^3$ Guarded Farmer 2571 | 0.994 | 0.990 | 0.985 |
| NE 0.60cm$^3$ Robust Farmer 2581（PMMA 帽） | 0.975 | 0.990 | 0.966 |
| NE 0.60cm$^3$ Robust Farmer 2581（聚苯乙烯帽） | 0.969 | 0.990 | 0.959 |
| NE 0.325cm$^3$ NPL Sec Std 2561 | 0.995 | 0.984 | 0.979 |
| PTW 0.6cm$^3$ 23333（3mm 帽） | 0.982 | 0.993 | 0.975 |
| PTW 0.6cm$^3$ 23333（4.6mm 帽） | 0.982 | 0.990 | 0.972 |
| PTW 0.4cm$^3$ 233331 | 0.982 | 0.990 | 0.971 |
| PTW 0.3cm$^3$ M233332 | 0.982 | 0.993 | 0.975 |
| PTW 0.1cm$^3$ 穿透型 M233331 | 0.982 | 0.992 | 0.974 |
| PTW 0.3cm$^3$ 防水型 M2333641 | 0.982 | 0.992 | 0.974 |
| VICTOREEN 0.1cm$^3$ Radocon Ⅱ 555 | 0.989 | 0.990 | 0.979 |
| VICTOREEN 0.3cm$^3$ Radocon Ⅲ 550 | 0.974 | 0.991 | 0.965 |
| VICTOREEN 0.30cm$^3$ 30-348 | 0.982 | 0.993 | 0.975 |
| VICTOREEN 0.6cm$^3$ 30-351 | 0.982 | 0.993 | 0.975 |
| VICTOREEN 1.00cm$^3$ 30-349 | 0.982 | 0.992 | 0.974 |
| SSI 石墨壁 | 0.999 | 0.990 | 0.989 |
| SSI A-150 | 0.965 | 0.990 | 0.955 |

## 二、电离室的选择

加速器X射线校准一般选用指形电离室，首选Farmer型电离室，也可以使用灵敏体积为0.1～1cm$^3$的其他电离室，电离室壁和平衡帽不必采用同种材料，但必须知道其成分。平板电离室一般不做X射线的绝对剂量校准使用，只用作相对剂量测量。常用的指形电离室如PTW30013，NE Farmer 2581等，电离室最好是防水的，指形电离室的中心是指电离室空腔体积的中心。

## 三、模体的选择

推荐使用水作为校准模体，并要求在测量深度处射野四周至少向外延伸5cm，最大测量深度后至少也有5cm。不推荐使用水等效模体作绝对剂量校准，等效模体只能与水模体比对后，做常规相对剂量的稳定性质控。

## 四、有效测量点

指形电离室中心所收集的电离电荷，是源于它前方的某一点产生的次级电子，有必要定义电离电荷的有效测量点 $P_{eff}$，以修正电离室气腔内电离辐射的注量梯度变化。有效测量点 $P_{eff}$ 位于电离室中心点的前方（近放射源侧），以 $r$ 表示电离室半径，建议使用以下值：电子束为0.5$r$，高能X射线为0.75$r$。按照IAEA测量规程1997年修订版的建议，对高能X射线和 $^{60}$Coγ射线，$P_{eff}$ 都位于0.6$r$，更接近实验结果，故在直线加速器高能X射线标定时，有效测量点为0.6$r$，要测 $Z_{ref}$ 处的剂量，电离室的中心必须放到（$Z_{ref}$+0.6$r$）处测量。

## 五、剂量仪读数影响量的修正

由于实验室标定时都是在标准参考条件下进行，所以用户实际测量条件与标准条件不同时，需要对这些影响因子进行修正。这些影响因子包括温度气压修正因子 $K_{TP}$，静电计修正因子 $K_{elec}$，极化效应修正因子 $K_{pol}$，复合效应修正因子 $K_s$。这些因子中，一般只有 $K_{TP}$ 需要实时计算，其他因子是固定值，只有当静电计电离室重新校准或者维修后需要重新测量。下面对这些修正因子进行描述。

### （一）温度气压修正因子 $K_{TP}$

电离室都是与外界相通的，室腔内的温度气压会随外界温度气压的变化而变化，修正公式：$K_{TP}=\dfrac{273.2+T}{273.2+T_0}\dfrac{P_0}{P}$，其中 $P$、$T$ 分别为测量时的气压（kPa）与温度（℃），$P_0$，$T_0$ 为标准条件（一般 $P_0$ 为103.7kPa，$T_0$ 为20℃）。例如，当测量气压为102.5kPa，温度为23℃时，$K_{TP}=\dfrac{273.2+23}{273.2+20}\dfrac{103.7}{102.5}\approx1.022$。

### （二）静电计修正因子 $K_{elec}$

当静电计与电离室分开校准时，标准实验室会各给一个修正因子，这个值非常接近于 1。如果静电计与电离室一起校准，则 $K_{elec}=1$。国内校准一般是静电计与电离室一起校准，所以 $K_{elec}$ 一般都为 1。

### （三）极化效应修正因子 $K_{pol}$

电离室在电压极性相反时读数会有所变化，可以用以下公式来修正：

$K_{pol}=\dfrac{|M_+|+|M_-|}{2M}$，其中 $M_+$，$M_-$为电压为正极和负极时静电计的读数，$M$ 为用户实际加压时的读数。要注意的是，实际测量时最好将静电计放置在离开射野外 3～4m，最好是将静电计放置在控制室内，电离室和静电计用延长线相连。注意：用户实际使用的电压和极性应该与校准时相同。例如，+300V 时静电计读数为 69.853，–300V 时静电计读数为 69.849，实际使用时用 +300V，所以 $K_{pol}=(69.853+69.849)/(2\times69.853)\approx0.99997$。该值非常接近于 1，所以有的单位直接用 1 来代替。

### （四）复合效应修正因子 $K_s$

电子在向电极运动时会有一部分与电极相反的电子发生复合，所以电离室不能完全收集电离室空腔中因射线照射而电离出的电子，称为复合效应，而且复合效应会随极化电压的变化而有所变化。现在加速器一般都是脉冲辐射，脉冲辐射场中复合效应一般采用双电压法进行测量，公式为

$$K_s=a_0+a_1\left(\frac{M_1}{M_2}\right)+a_2\left(\frac{M_1}{M_2}\right)^2$$

其中，$M_1$、$M_2$ 为电压分别为 $V_1$ 和 $V_2$ 时静电计的读数，一般要求 $V_1/V_2\geqslant3$，但临床上比值为 2 也是允许的，因为偏差较小；$a_0$、$a_1$、$a_2$ 为常数，可以通过表 3.2 查到。

表 3.2 脉冲式高能光子复合效应曲线拟合常数

| $V_1/V_2$ | $a_0$ | $a_1$ | $a_2$ | $V_1/V_2$ | $a_0$ | $a_1$ | $a_2$ |
|---|---|---|---|---|---|---|---|
| 2.0 | 2.337 | –3.636 | 2.299 | 3.5 | 1.08 | –0.542 | 0.463 |
| 2.5 | 1.474 | –1.587 | 1.114 | 4.0 | 1.022 | –0.363 | 0.341 |
| 3.0 | 1.198 | –0.875 | 0.677 | 4.5 | 0.975 | –0.188 | 0.214 |

例如，电压为 100V 时，静电计读数为 69.823，电压为 300V 时，静电计读数为 69.853，则 $K_s=1.198-0.875\left(\frac{69.853}{69.823}\right)+0.677\left(\frac{69.853}{69.823}\right)^2\approx1.00021$。当 $K_s<$

1.03 时，也可以用公式 $K_s = \dfrac{\dfrac{M_1}{M_2}-1}{\dfrac{V_1}{V_2}-1}+1$，与前面公式的结果偏差在 0.1% 以内，因为一般情况下 $K_s$ 很接近于 1，所以常规可以用该公式来计算。例如，读数同前，$K_s = \dfrac{\dfrac{69.853}{69.823}-1}{\dfrac{300}{100}-1}+1 \approx 1.00021$。该值非常接近于 1，所以有的单位直接用 1 来代替。

## 六、射束质的确定

光子束射束质一般用 $TPR_{20,10}$ 来确定。由于加速器常规数据采集得到的是 PDD 数据，所以 $TPR_{20,10}$ 一般由 $PDD_{20,10}$ 计算或查表 3.3 得到，拟合公式如下：

$$TPR_{20,10}=1.2661 \cdot PDD_{20,10}-0.0595$$

例如，6MV $PDD_{20,10}=0.57$；$TPR_{20,10}=1.2661\times0.57-0.0595\approx0.662$。

## 七、阻止本领比

阻止本领比为水和空气阻止本领比，用 $S_{w,a}$ 表示，其与测量时水的深度和射线能量有关，原则上不在峰值剂量点进行测量，不同位置、不同深度组阻止本领比的差变引起的不确定度是可以估计的。表 3.3 为不同射束质 X（γ）光子的水和空气阻止本领比 $S_{w,a}$。

表 3.3 不同射束质 X（γ）光子的水和空气阻止本领比 $S_{w,a}$

| $TPR_{20,10}$ | $D_{20}/D_{10}$ | $S_{w,a}$ | 参考深度 /cm | $TPR_{20,10}$ | $D_{20}/D_{10}$ | $S_{w,a}$ | 参考深度 /cm |
|---|---|---|---|---|---|---|---|
| 0.50 | 0.44 | 1.135 | 5 | 0.72 | 0.61 | 1.111 | 10 |
| 0.53 | 0.47 | 1.134 | 5 | 0.74 | 0.63 | 1.105 | 10 |
| 0.56 | 0.49 | 1.132 | 5 | 0.76 | 0.65 | 1.099 | 10 |
| 0.59 | 0.52 | 1.130 | 5 | 0.78 | 0.66 | 1.090 | 10 |
| 0.62 | 0.54 | 1.127 | 5 | 0.80 | 0.68 | 1.080 | 10 |
| 0.65 | 0.56 | 1.123 | 5 | 0.82 | 0.69 | 1.069 | 10 |
| 0.68 | 0.58 | 1.119 | 5 | 0.84 | 0.71 | 1.059 | 10 |
| 0.70 | 0.60 | 1.116 | 5 | | | | |

## 八、扰动修正因子和中心收集极材料的非空气等效修正因子

扰动修正因子用 $P_u$ 表示，对于不同能量的 X（γ）射线，电离室室壁厚度约为 0.5mm，相对不同材料的电离室，$P_u$ 由图 3.1 给出，图中给出引用 Andero 等（1986）

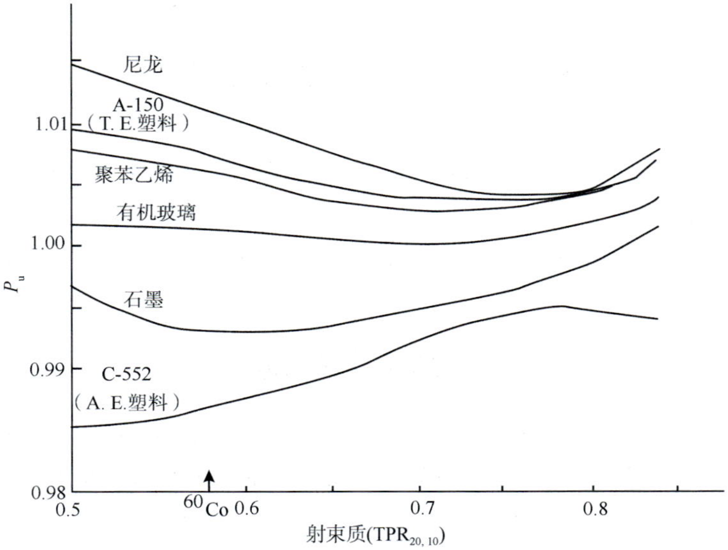


图 3.1 不同材料电离室的扰动修正因子 $P_u$ 随射束质的变化曲线

的值，需要注意的是只对厚度约为 0.5mm 的电离室壁有效，对于其他厚度或合成材料的电离室，需用另外的方法计算才能获得更好的精度。IAEA 277 建议采用 Almond 和 Svensson 的公式近似地计算扰动修正因子 $P_u$。计算公式如下：

$$P_u = \frac{\alpha \cdot S_{wall,air} \cdot (\bar{\mu}_{en}/\rho)_{w,wall} + (1-\alpha) \cdot S_{w,a}}{S_{w,a}}$$

式中，$\alpha$ 是由电离室壁产生的电子在空腔内空气总电离份额。图 3.2 给出了不同射束质下不同壁厚的 $\alpha$ 值，不同电离室材料阻止本领比 $S_{wall,air}$ 随光子束射束质的变化

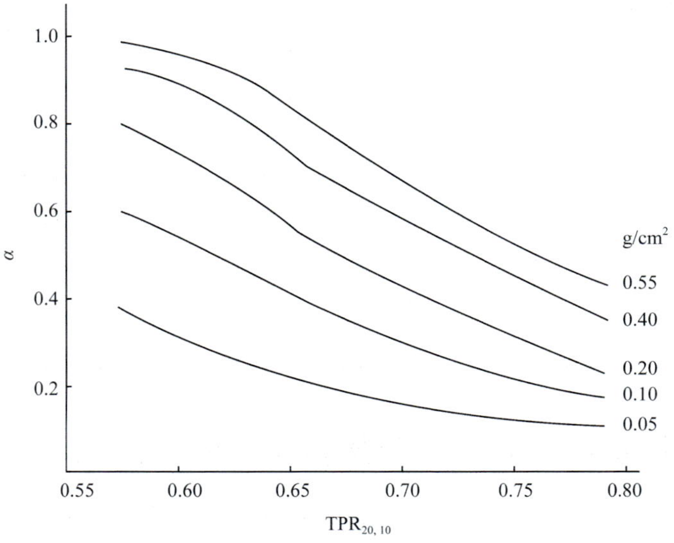


图 3.2 不同射束质下不同壁厚的 $\alpha$ 值

见表 3.4；不同光子束射束质的$(\bar{\mu}_{en}/\rho)_{w,wall}$见表 3.5，质能吸收系数可在表 3.3 中找到。对于多数惯用材料制作的电离室，该值接近于 1。$P_{cel}$为电离室中心收集极材料的非空气等效修正因子，对于由石墨、塑料制成的中心收集极，$P_{cel}$=1。而目前常用的 Farmer 型电离室，中心收集极由铝材料制成，不同半径铝收集极的电离室的$P_{cel}$修正因子由表 3.6 给出，或由厂家说明书直接给出。

表 3.4　不同光子束射束质的$S_{wall,air}$值（根据 Spencer-Attix 理论）（Δ=10keV）

| $TPR_{20,10}$ | $D_{20}/D_{10}$ | A-150 | C-552 | 涤纶 | 石墨 | 尼龙 | 有机玻璃 | 聚苯乙烯 |
|---|---|---|---|---|---|---|---|---|
| 0.50 | 0.44 | 1.147 | 0.997 | 1.083 | 1.008 | 1.148 | 1.105 | 1.114 |
| 0.53 | 0.47 | 1.145 | 0.997 | 1.082 | 1.007 | 1.146 | 1.104 | 1.113 |
| 0.56 | 0.49 | 1.142 | 0.995 | 1.080 | 1.003 | 1.143 | 1.102 | 1.110 |
| 0.59 | 0.52 | 1.138 | 0.992 | 1.077 | 1.000 | 1.139 | 1.099 | 1.107 |
| 0.62 | 0.54 | 1.135 | 0.990 | 1.074 | 0.996 | 1.135 | 1.096 | 1.104 |
| 0.65 | 0.56 | 1.130 | 0.986 | 1.070 | 0.992 | 1.130 | 1.091 | 1.100 |
| 0.68 | 0.58 | 1.124 | 0.983 | 1.065 | 0.987 | 1.125 | 1.087 | 1.095 |
| 0.70 | 0.60 | 1.121 | 0.980 | 1.062 | 0.984 | 1.121 | 1.084 | 1.092 |
| 0.72 | 0.61 | 1.115 | 0.976 | 1.057 | 0.979 | 1.115 | 1.079 | 1.087 |
| 0.74 | 0.63 | 1.108 | 0.970 | 1.051 | 0.973 | 1.108 | 1.073 | 1.080 |
| 0.76 | 0.65 | 1.101 | 0.964 | 1.044 | 0.967 | 1.100 | 1.066 | 1.074 |
| 0.78 | 0.66 | 1.091 | 0.956 | 1.035 | 0.959 | 1.090 | 1.057 | 1.065 |
| 0.80 | 0.68 | 1.080 | 0.948 | 1.026 | 0.950 | 1.080 | 1.047 | 1.055 |
| 0.82 | 0.69 | 1.069 | 0.938 | 1.015 | 0.941 | 1.068 | 1.037 | 1.044 |
| 0.84 | 0.71 | 1.058 | 0.929 | 1.005 | 0.932 | 1.057 | 1.027 | 1.034 |
| $^{137}Cs$ | | 1.149 | 0.999 | 1.085 | 1.011 | 1.150 | 1.107 | 1.116 |
| $^{60}Co$ | | 1.142 | 0.995 | 1.080 | 1.002 | 1.142 | 1.102 | 1.110 |

表 3.5　不同光子束射束质的$(\bar{\mu}_{en}/\rho)_{w,wall}$值

| $TPR_{20,10}$ | $D_{20}/D_{10}$ | A-150 | C-552 | 涤纶 | 石墨 | 尼龙 | 有机玻璃 | 聚苯乙烯 |
|---|---|---|---|---|---|---|---|---|
| 0.53 | 0.47 | 1.011 | 1.110 | 1.043 | 1.114 | 1.015 | 1.031 | 1.035 |
| 0.56 | 0.49 | 1.011 | 1.110 | 1.043 | 1.113 | 1.015 | 1.030 | 1.034 |
| 0.59 | 0.52 | 1.012 | 1.110 | 1.042 | 1.113 | 1.015 | 1.030 | 1.034 |
| 0.62 | 0.54 | 1.012 | 1.110 | 1.042 | 1.113 | 1.015 | 1.031 | 1.035 |
| 0.65 | 0.56 | 1.013 | 1.110 | 1.043 | 1.114 | 1.016 | 1.031 | 1.036 |
| 0.68 | 0.58 | 1.015 | 1.109 | 1.043 | 1.115 | 1.018 | 1.032 | 1.038 |
| 0.70 | 0.60 | 1.016 | 1.108 | 1.043 | 1.115 | 1.019 | 1.033 | 1.040 |
| 0.72 | 0.61 | 1.019 | 1.107 | 1.043 | 1.117 | 1.021 | 1.035 | 1.042 |
| 0.74 | 0.63 | 1.023 | 1.105 | 1.044 | 1.119 | 1.026 | 1.038 | 1.048 |

续表

| $TPR_{20,10}$ | $D_{20}/D_{10}$ | A-150 | C-552 | 涤纶 | 石墨 | 尼龙 | 有机玻璃 | 聚苯乙烯 |
|---|---|---|---|---|---|---|---|---|
| 0.76 | 0.65 | 1.028 | 1.103 | 1.045 | 1.121 | 1.030 | 1.041 | 1.053 |
| 0.78 | 0.66 | 1.035 | 1.100 | 1.046 | 1.125 | 1.037 | 1.045 | 1.061 |
| 0.80 | 0.68 | 1.043 | 1.096 | 1.048 | 1.130 | 1.045 | 1.051 | 1.071 |
| 0.82 | 0.69 | 1.051 | 1.093 | 1.049 | 1.134 | 1.054 | 1.056 | 1.081 |
| 0.84 | 0.71 | 1.059 | 1.089 | 1.051 | 1.139 | 1.062 | 1.062 | 1.090 |
| $^{137}Cs$ | | 1.010 | 1.111 | 1.042 | 1.111 | 1.013 | 1.029 | 1.032 |
| $^{60}Co$ | | 1.011 | 1.110 | 1.042 | 1.113 | 1.015 | 1.030 | 1.034 |

表 3.6 铝收集极电离室的 $P_{cel}$ 值

| 收集极半径 /mm | 电子束 | X 射线（$hv_{max} \leqslant$ 25MeV） | X 射线（$hv_{max} >$ 25MeV） |
|---|---|---|---|
| 0.5 | 1.008 | 1.000 | 1.004 |
| 1.0 | 1.015 | 1.000 | 1.008 |
| 1.5 | 1.020 | 1.000 | 1.010 |
| 2.5 | 1.032 | 1.000 | 1.016 |

## 九、标准测量参考条件

光子在水中绝对剂量的测量参考条件如表 3.7 所示。

表 3.7 光子在水中绝对剂量的测量参考条件

| 影响量 | 参考条件 |
|---|---|
| 介质 | 水 |
| 电离室类型 | 指形电离室 |
| 测量深度 | 当 $TPR_{20,10} < 0.7$ 时，测量深度为 10cm 或者 5cm；当 $TPR_{20,10} \geqslant 0.7$ 时，测量深度为 10cm |
| 电离室参考点 | 电离室中心轴空腔中心 |
| 电离室参考点摆放位置 | 测量深度 +0.6$r$ 处 |
| SSD 或 SCD | 100cm |
| 射野大小 | 10cm×10cm |

此时得出的吸收剂量是在参考条件下、水下 5cm 或 10cm 处的水吸收剂量，临床上标定使用最大剂量点处的水吸收剂量，因此在 SSD 摆位时分别使用 PDD 数据或在 SAD 摆位时使用 TMR 数据将结果反推到最大剂量点处的剂量，使 1MU=1cGy。

# 第三节 加速器电子束剂量标定

## 一、公式概述

公式如下：

$$D_w=M_u N_D (S_{w,a})_u P_u P_{cel}$$
$$N_D=N_k(1-g)K_{att}K_m$$
$$N_D=N_x(W/e)K_{att}K_m$$
$$N_k=N_x(W/e)[1/(1-g)]$$

$M_u$ 为经温度气压、极化效应、复合效应、静电计等修正因子修正后的静电计读数，单位为伦琴（R）。$N_x$ 为电离室在参考射线为 $^{60}Co$ 空气中的照射量校准因子，$N_k$ 为空气中比释动能校准因子。该公式的电子束能量适用范围为 5～50MeV，公式中参数的定义与光子束中相同。

## 二、射束质的表示

TRS-277 报告中用的表面平均能量 $\overline{E_0}$ 是通过 $R_{50}$ 计算得到的，如果采用固定源轴距照射，则 $\overline{E_0}=2.33R_{50}$；如果采用固定源皮距照射，则 $\overline{E_0}=0.656+2.059R_{50,d}+0.022(R_{50,d})^2$。表 3.8 为在水模体表面电子束平均能量 $\overline{E_0}$ 与半值深度的关系。这里的 $R_{50}$ 定义为吸收剂量曲线的半值深度，不是电离曲线的半值深度。$R_{50}$ 的测量条件是 SSD=100cm。为克服射野的影响，限光筒选择 15cm×15cm 或者更大。表面最大可几能量 $E_{p,0}$ 与实际射程有关，拟合公式为：$E_{p,0}=0.22+1.98R_p+0.0025R_p^2$。平均能量 $\overline{E_z}$ 通常用近似方程确定，$\overline{E_z}\approx\overline{E_0}(1-z/R_p)$，式中 $z$ 为深度，$R_p$ 为初始能量为 $\overline{E_0}$ 的电子在水中的实际射程。表 3.9 为电子束在水模体深度 $z$ 的平均能量 $\overline{E_z}$ 与表面平均能量 $\overline{E_0}$ 的比例关系。

表 3.8 在水模体表面电子束平均能量 $\overline{E_0}$ 与半值深度的关系

| $\overline{E_0}$/MeV | $R_{50,d}$/cm | $R_{50,i}$/cm | $\overline{E_0}$/MeV | $R_{50,d}$/cm | $R_{50,i}$/cm |
|---|---|---|---|---|---|
| 1 | 0.3 | 0.3 | 12 | 5.1 | 5.1 |
| 2 | 0.7 | 0.7 | 14 | 6.0 | 5.9 |
| 3 | 1.2 | 1.2 | 16 | 6.8 | 6.7 |
| 4 | 1.6 | 1.6 | 18 | 7.8 | 7.6 |
| 5 | 2.1 | 2.1 | 20 | 8.6 | 8.4 |
| 6 | 2.5 | 2.5 | 22 | 9.4 | 9.2 |
| 7 | 3.0 | 3.0 | 25 | 10.7 | 10.4 |
| 8 | 3.4 | 3.4 | 30 | 12.8 | 12.3 |
| 9 | 3.8 | 3.8 | 35 | 14.6 | 14.0 |
| 10 | 4.3 | 4.3 | 40 | 16.3 | 15.4 |

表 3.9 电子束在水模体深度 $z$ 的平均能量 $\overline{E_z}$ 与表面平均能量 $\overline{E_0}$ 的比例关系

| $z/R_p$ | 表面平均能量 | | | | | |
|---|---|---|---|---|---|---|
| | 5MeV | 10MeV | 20MeV | 30MeV | 40MeV | 50MeV |
| 0.00 | 1.000 | 1.000 | 1.000 | 1.000 | 1.00 | 1.000 |
| 0.05 | 0.943 | 0.941 | 0.936 | 0.929 | 0.922 | 0.915 |
| 0.10 | 0.888 | 0.884 | 0.875 | 0.863 | 0.849 | 0.835 |
| 0.15 | 0.832 | 0.826 | 0.815 | 0.797 | 0.779 | 0.761 |
| 0.0 | 0.772 | 0.766 | 0.754 | 0.732 | 0.712 | 0.692 |
| 0.25 | 0.712 | 0.705 | 0.692 | 0.669 | 0.648 | 0.627 |
| 0.30 | 0.651 | 0.645 | 0.633 | 0.607 | 0.584 | 0.561 |
| 0.35 | 0.587 | 0.583 | 0.574 | 0.547 | 0.525 | 0.503 |
| 0.40 | 0.527 | 0.523 | 0.514 | 0.488 | 0.466 | 0.444 |
| 0.45 | 0.465 | 0.462 | 0.456 | 0.432 | 0.411 | 0.390 |
| 0.50 | 0.411 | 0.407 | 0.399 | 0.379 | 0.362 | 0.345 |
| 0.55 | 0.359 | 0.355 | 0.348 | 0.329 | 0.314 | 0.299 |
| 0.60 | 0.313 | 0.309 | 0.300 | 0.282 | 0.269 | 0.256 |
| 0.65 | 0.270 | 0.265 | 0.255 | 0.239 | 0.228 | 0.217 |
| 0.70 | 0.231 | 0.226 | 0.216 | 0.202 | 0.192 | 0.182 |
| 0.75 | 0.197 | 0.191 | 0.180 | 0.168 | 0.159 | 0.150 |
| 0.80 | 0.164 | 0.159 | 0.149 | 0.138 | 0.131 | 0.124 |
| 0.85 | 0.137 | 0.131 | 0.120 | 0.111 | 0.105 | 0.099 |
| 0.90 | 0.114 | 0.108 | 0.096 | 0.089 | 0.084 | 0.079 |
| 0.95 | 0.091 | 0.086 | 0.076 | 0.069 | 0.065 | 0.061 |
| 1.00 | 0.077 | 0.071 | 0.059 | 0.053 | 0.049 | 0.045 |

## 三、电离室的选择

TRS-277 报告要求 $E \leqslant$ 5MeV 时，必须使用平板电离室，对于较高能量的电子束，亦可采用平板电离室。平板电离室的使用可参考 IAEA TRS-381 技术报告，主要通过公式 $D_w=P_Q \cdot (S_{w,a})_Q \cdot N_D \cdot M$ 计算，用与指形电离室在高能量电子束通过比对获取平板电离室的 $N_D$，本章对平板电离室的使用不展开叙述。当 5MeV $\leqslant E \leqslant$ 10MeV 时，可以使用平板电离室或者指形电离室。直径小于 2mm 的圆柱形电离室在能量为 5MeV $\leqslant E \leqslant$ 10MeV 范围内可以替代平行板电离室，但是其不确定度增加 1%～2%。平板电离室的有效测量点在入射窗内表面的中心，所以测量时只需将平板电离室内表面中心放置于测量点，而不用移动有效测量距离。指形电离室的有效测量点不在空腔中心，所以在实际测量时，需要将电离室中心放置于比测量点深 0.5$r$ 的位置（$r$ 是电离室的空腔半径）。目前国内绝大多数单位的电子束能量都大于 5MeV，故在用 TRS-277 报告进行测量标定时，一般都用指形电离室来测量标定。

## 四、限光筒的选择

TRS-277 报告中没有对标定的限光筒做特别的规定，一般为 10cm×10cm 或者用电子束输出因子归一的两个限光筒中射野大的那个。目前国内还是习惯于用 10cm×10cm 限光筒来做所有能量的剂量标定。

## 五、剂量仪读数影响量的修正

剂量仪读数影响量包括 $K_{TP}$、$K_{elec}$、$K_{pol}$、$K_s$，与光子束测量时一样，这里不再描述。

## 六、测量深度的选择

TRS-277 报告中电子束的标定深度为 $Z_{max}$，当 5MeV $< \overline{E_0} <$ 10MeV 时，测量深度取 1cm 或 $Z_{max}$（较大值），当 10MeV $< \overline{E_0} <$ 20MeV 时，测量深度取 2cm 或 $Z_{max}$（较大值），当 20MeV $< \overline{E_0} <$ 50MeV 时，测量深度取 3cm 或 $D_{max}$（较大值），使得测量深度处的剂量为 1MU=1cGy。当能量比较低（$E <$ 5MeV）用平板电离室时，平板电离室中心摆在测量深度处；而用指形电离室时，电离室中心就要摆在测量深度加 0.5$r$ 的位置。

## 七、水和空气阻止本领比 $S_{w,a}$、扰动修正因子 $P_u$、修正因子 $P_{cel}$

扰动修正因子用 $P_u$ 表示，该值多数惯用材料制作的电离室接近于 1。表 3.10 为水中校准深度处平均能量 $\overline{E_z}$ 的电子束电离室内半径为 $r$ 时的 $P_u$ 值。电离室中心收集极材料的非空气等效修正因子，对由石墨、塑料制成的中心收集极，$P_{cel}$=1。而目前常用的 Farmer 型电离室，中心收集极由铝材料制成，不同半径铝收集极的电离室的 $P_{cel}$ 修正因子查表 3.6 求得。电子束的水和空气阻止本领比（$S_{w,a}$）是根据电子束的入射平均能量和校准所在的深度查表 3.11 求得的。

表 3.10 水中校准深度处平均能量 $\overline{E_z}$ 的电子束电离室内半径为 $r$ 时的 $P_u$ 值

| $\overline{E_z}$/MeV | $r$=1.5mm | $r$=2.5mm | $r$=3.5mm |
|---|---|---|---|
| 4 | 0.981 | 0.967 | 0.955 |
| 6 | 0.984 | 0.974 | 0.963 |
| 8 | 0.988 | 0.980 | 0.971 |
| 10 | 0.991 | 0.984 | 0.978 |
| 12 | 0.993 | 0.988 | 0.984 |
| 15 | 0.995 | 0.992 | 0.989 |
| 20 | 0.997 | 0.995 | 0.994 |

**表 3.11 不同能量电子束在水中不同深度处的水和空气阻止本领比 $S_{w,a}$**

| 电子束能量/MeV | 50.0 | 40.0 | 30.0 | 25.0 | 20.0 | 18.0 | 16.0 | 14.0 | 12.0 | 10.0 | 9.0 | 8.0 | 7.0 | 6.0 | 5.0 | 4.0 | 3.0 | 2.0 | 1.0 |
|---|---|---|---|---|---|---|---|---|---|---|---|---|---|---|---|---|---|---|---|
| $R_p$/cm<br>深度/cm | 24.6 | 19.6 | 14.8 | 12.3 | 9.87 | 8.88 | 7.89 | 6.90 | 5.91 | 5.02 | 4.52 | 4.02 | 3.52 | 3.02 | 2.52 | 2.02 | 1.51 | 1.01 | 0.505 |
| 0.0 | 0.904 | 0.912 | 0.926 | 0.940 | 0.955 | 0.961 | 0.969 | 0.977 | 0.986 | 0.997 | 1.003 | 1.011 | 1.019 | 1.029 | 1.040 | 1.059 | 1.078 | 1.097 | 1.116 |
| 0.1 | 0.905 | 0.913 | 0.929 | 0.941 | 0.955 | 0.962 | 0.969 | 0.978 | 0.987 | 0.998 | 1.005 | 1.012 | 1.020 | 1.030 | 1.042 | 1.061 | 1.081 | 1.101 | 1.024 |
| 0.2 | 0.906 | 0.914 | 0.930 | 0.942 | 0.956 | 0.963 | 0.970 | 0.978 | 0.988 | 0.999 | 1.006 | 1.013 | 1.022 | 1.032 | 1.044 | 1.064 | 1.084 | 1.106 | 1.131 |
| 0.3 | 0.907 | 0.915 | 0.931 | 0.943 | 0.957 | 0.964 | 0.971 | 0.979 | 0.989 | 1.000 | 1.007 | 1.015 | 1.024 | 1.034 | 1.046 | 1.067 | 1.089 | 1.112 | 1.135 |
| 0.4 | 0.908 | 0.916 | 0.932 | 0.944 | 0.958 | 0.965 | 0.972 | 0.980 | 0.990 | 1.002 | 1.009 | 1.017 | 1.026 | 1.036 | 1.050 | 1.071 | 1.093 | 1.117 | 1.136 |
| 0.5 | 0.909 | 0.917 | 0.933 | 0.945 | 0.959 | 0.966 | 0.973 | 0.982 | 0.991 | 1.003 | 1.010 | 1.019 | 1.028 | 1.039 | 1.054 | 1.076 | 1.098 | 1.122 | |
| 0.6 | 0.909 | 0.918 | 0.934 | 0.946 | 0.960 | 0.967 | 0.974 | 0.983 | 0.993 | 1.005 | 1.012 | 1.021 | 1.031 | 1.043 | 1.058 | 1.080 | 1.103 | 1.126 | |
| 0.8 | 0.911 | 0.920 | 0.936 | 0.948 | 0.962 | 0.969 | 0.976 | 0.985 | 0.996 | 1.009 | 1.016 | 1.026 | 1.037 | 1.050 | 1.067 | 1.090 | 1.113 | 1.133 | |
| 1.0 | 0.913 | 0.922 | 0.938 | 0.950 | 0.964 | 0.971 | 0.979 | 0.988 | 0.999 | 1.013 | 1.021 | 1.031 | 1.043 | 1.058 | 1.075 | 1.099 | 1.121 | | |
| 1.2 | 0.914 | 0.924 | 0.940 | 0.952 | 0.966 | 0.973 | 0.981 | 0.991 | 1.002 | 1.017 | 1.026 | 1.037 | 1.050 | 1.066 | 1.085 | 1.108 | 1.129 | | |
| 1.4 | 0.916 | 0.925 | 0.942 | 0.954 | 0.968 | 0.976 | 0.984 | 0.994 | 1.006 | 1.022 | 1.032 | 1.044 | 1.058 | 1.075 | 1.095 | 1.117 | 1.133 | | |
| 1.6 | 0.917 | 0.927 | 0.944 | 0.956 | 0.971 | 0.978 | 0.987 | 0.997 | 1.010 | 1.027 | 1.038 | 1.050 | 1.066 | 1.084 | 1.104 | 1.124 | | | |
| 1.8 | 0.918 | 0.929 | 0.945 | 0.957 | 0.973 | 0.981 | 0.990 | 1.001 | 1.014 | 1.032 | 1.044 | 1.057 | 1.074 | 1.093 | 1.112 | 1.130 | | | |
| 2.0 | 0.920 | 0.930 | 0.947 | 0.959 | 0.975 | 0.983 | 0.993 | 1.004 | 1.018 | 1.038 | 1.050 | 1.065 | 1.082 | 1.101 | 1.120 | 1.133 | | | |
| 2.5 | 0.923 | 0.934 | 0.952 | 0.964 | 0.981 | 0.990 | 1.000 | 1.013 | 1.030 | 1.053 | 1.067 | 1.083 | 1.102 | 1.120 | 1.131 | | | | |
| 3.0 | 0.926 | 0.938 | 0.956 | 0.969 | 0.987 | 0.997 | 1.008 | 1.023 | 1.042 | 1.069 | 1.084 | 1.102 | 1.119 | 1.129 | | | | | |
| 3.5 | 0.929 | 0.941 | 0.960 | 0.974 | 0.994 | 1.004 | 1.017 | 1.034 | 1.056 | 1.085 | 1.102 | 1.118 | 1.128 | | | | | | |
| 4.0 | 0.932 | 0.944 | 0.964 | 0.979 | 1.001 | 1.012 | 1.027 | 1.046 | 1.071 | 1.101 | 1.116 | 1.126 | | | | | | | |
| 4.5 | 0.935 | 0.948 | 0.969 | 0.985 | 1.008 | 1.021 | 1.037 | 1.059 | 1.086 | 1.115 | 1.125 | 1.127 | | | | | | | |

续表

| 电子束能量/MeV | 50.0 | 40.0 | 30.0 | 25.0 | 20.0 | 18.0 | 16.0 | 14.0 | 12.0 | 10.0 | 9.0 | 8.0 | 7.0 | 6.0 | 5.0 | 4.0 | 3.0 | 2.0 | 1.0 |
|---|---|---|---|---|---|---|---|---|---|---|---|---|---|---|---|---|---|---|---|
| $R_p$/cm<br>深度/cm | 24.6 | 19.6 | 14.8 | 12.3 | 9.87 | 8.88 | 7.89 | 6.90 | 5.91 | 5.02 | 4.52 | 4.02 | 3.52 | 3.02 | 2.52 | 2.02 | 1.51 | 1.01 | 0.505 |
| 5.0 | 0.936 | 0.951 | 0.973 | 0.990 | 1.016 | 1.030 | 1.049 | 1.072 | 1.101 | 1.123 | 1.126 | | | | | | | | |
| 5.5 | 0.940 | 0.954 | 0.978 | 0.996 | 1.024 | 1.040 | 1.061 | 1.086 | 1.113 | 1.125 | | | | | | | | | |
| 6.0 | 0.943 | 0.958 | 0.983 | 1.002 | 1.033 | 1.051 | 1.074 | 1.100 | 1.121 | | | | | | | | | | |
| 7.0 | 0.948 | 0.965 | 0.993 | 1.017 | 1.054 | 1.075 | 1.099 | 1.118 | 1.122 | | | | | | | | | | |
| 8.0 | 0.954 | 0.972 | 1.005 | 1.032 | 1.076 | 1.098 | 1.116 | 1.120 | | | | | | | | | | | |
| 9.0 | 0.960 | 0.981 | 1.018 | 1.049 | 1.098 | 1.114 | 1.118 | | | | | | | | | | | | |
| 10.0 | 0.966 | 0.990 | 1.032 | 1.068 | 1.112 | 1.116 | | | | | | | | | | | | | |
| 12.0 | 0.980 | 1.009 | 1.062 | 1.103 | | | | | | | | | | | | | | | |
| 14.0 | 0.996 | 1.031 | 1.095 | 1.107 | | | | | | | | | | | | | | | |
| 16.0 | 1.013 | 1.056 | 1.103 | | | | | | | | | | | | | | | | |
| 18.0 | 1.031 | 1.080 | | | | | | | | | | | | | | | | | |

## 八、标准测量参考条件

电子束在水中绝对剂量的测量参考条件如表 3.12 所示。

**表 3.12 电子束在水中绝对剂量的测量参考条件**

| 影响量 | 参考条件 |
|---|---|
| 介质 | 水 |
| 电离室类型 | $E>5\mathrm{MeV}$，平板电离室或者指形电离室<br>$E\leqslant 5\mathrm{MeV}$，平板电离室 |
| 测量深度 | $Z_{max}$ |
| 电离室参考点 | 平行板电离室为入射窗内表面中心<br>指形电离室为中心轴空腔中心 |
| 电离室参考点摆放位置 | 平板电离室为 $Z_{max}$ 处<br>指形电离为 $Z_{max}+0.5r$ 处 |
| SSD | 100cm |
| 射野大小 | 10cm×10cm 或 15cm×15cm 限光筒 |

# 第四节 标定实例

## 一、高能光子束的标定

### （一）测量前的准备

通常在测量前我们都会制作一张如表 3.13 所示表格，分别记录测量日期、测量人员、加速器型号、剂量仪型号、电离室型号等所有测量的数据信息，其中加速器型号、测量条件、剂量仪型号、电离室型号、测量电压、$K_{elec}$、$K_{pol}$、$K_s$、$N_{D,air}$、能量、$TPR_{20,10}$、测量深度 $d$、$S_{w,a}$、$P_u$、$P_{cel}$、$PDD_d(\%)$ 的数值都是已知的，也就是说在做标定前，都可以通过查表或者计算获得。

**表 3.13 测量表格**

| | | | | | |
|---|---|---|---|---|---|
| 测量日期 | | 测量人员 | | | |
| 加速器型号 | | 测量条件 | | | |
| 剂量仪型号 | | 电离室型号 | | 测量电压 | |
| 温度/℃ | | 气压/kPa | | $K_{TP}$ | |
| $K_{elec}$ | | $K_{pol}$ | | $K_s$ | |
| $N_{D,air}$ | $N_{D,air}=N_k(1-g)K_{att}K_m=N_x(W/e)K_{att}K_m$ | | | | |
| 能量 | | $TPR_{20,10}$ | | 实际摆位深度 | |
| $S_{w,a}$ | | $PDD_d/\%$ | | $P_uP_{cel}$ | |
| 未校准的剂量仪读数 | | $M_{raw}=$ | | | |
| 校准后剂量仪的读数 | | $M=M_{raw}K_{TP}K_{elec}K_{pol}K_s=$ | | | |
| 测量深度处剂量 | | $D_{d,W}=MN_{D,air}S_{w,a}P_uP_{cel}=$ | | | |
| 最大深度处的剂量 | | $D_{max}=D_{d,W}/PDD_d=$ | | | |

## （二）测量示意

光子束标定示意见图 3.3。

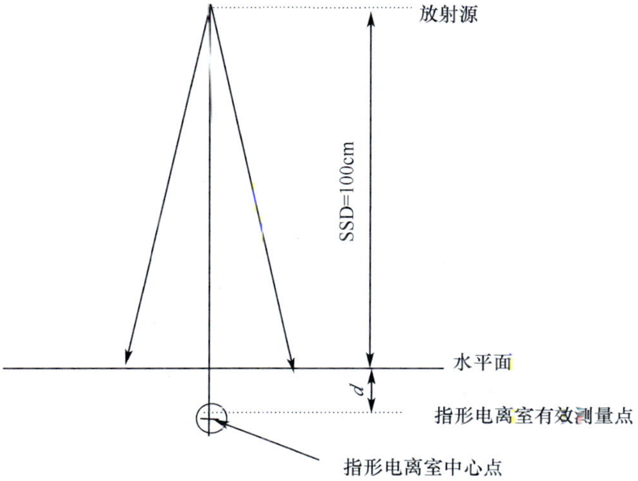


图 3.3　光子束标定示意图

## （三）实测示例

假定我们将对一台 Elekta Infinity 的 6MV 光子束进行标定，采用 UNIDOS E 剂量仪和 PTW30013 电离室，测量电压为 300V，测量条件为：SSD 为 100cm，射野大小为 10cm×10cm，参考测量深度为 5cm，由于指形电离室在测量时需要考虑其有效测量点，因此应把电离室的中心放置在参考测量深度 $Z_{ref}$ 加上深度 0.6$r$ 位置上，$r$ 为电离室空腔内半径，电离室实际摆放深度为 5.2cm；$S_{w,a}$ 根据光子束射束质查表求得；机器出束为 100MU。校准因子 $N_x$ 为 1.042，数据如表 3.14 所示。

表 3.14　测量示例

| | | | | | |
|---|---|---|---|---|---|
| 测量日期 | 2019.8.3 | 测量人员 | 张某 | | |
| 加速器型号 | Elekta Infinity | 测量条件 | SSD 为 100cm，10cm×10cm，参考深度为 5cm，100MU | | |
| 剂量仪型号 | UNIDOS E | 电离室型号 | PTW30013 | 测量电压 | 300V |
| 温度 /℃ | 23 | 气压 /kPa | 102.5 | $K_{TP}$ | 1.022 |
| $K_{elec}$ | 1 | $K_{pol}$ | 0.9999 | $K_s$ | 1.0002 |
| $N_{D,air}$ | $N_{D,air}=N_x(W/e)K_{att}K_m=1.042\times0.876\times0.975\approx0.890$ | | | | |
| 能量 | 6MV | $TPR_{20,10}$ | 0.685 | 实际摆位深度 | 5.2cm |
| $S_{w,a}$ | 1.118 | $PDD_5$ | 0.869 | $P_uP_{cel}$ | 0.994 |

表 3.14 中的有关数据必须要在测量前准备好。按图 3.3 方式测量后，得到 $M_{raw}$=85.58，从而得到 $M$=87.47，$D_5$=86.51cGy，最终得到最大深度处剂量为 99.6cGy，如表 3.15 所示。

表 3.15 测量结果示意表

| | |
|---|---|
| 未校准的剂量仪读数 | $M_{raw}$=85.58 |
| 校准后剂量仪的读数 | $M=M_{raw}K_{TP}K_{elec}K_{pol}K_s$=87.47 |
| 测量深度处剂量 | $D_5=MN_{D,air}S_{w,a}P_uP_{cel}$=86.51cGy |
| 最大深度处的剂量 | $D_{max}=D_5$/$PDD_5$=99.6cGy |

从表 3.15 可知，在标准参考条件下，水下 5cm 处的水吸收剂量为 86.51cGy，因此在 SSD 摆位时分别使用 PDD 数据将结果反推到最大剂量点处的剂量为 99.6cGy。由于测量时输入的跳数为 100MU，可以认为在标准参考条件下，中心轴上最大点处最大误差为 (99.6–100)/100=–0.4%，中心轴上最大点处 1MU=1cGy 基本成立，因此加速器此挡能量不需要重新标定。

## 二、高能电子束的标定

### （一）指形电离室标定

电子束的水和空气阻止本领比（$S_{w,a}$）是根据电子束的平均入射能量和校准所在的深度查表求得的，扰动修正因子 $P_u$ 是根据电子束在水中校准深度处的平均能量 $\overline{E_z}$ 与电离室的内半径参数查表求得的，$P_{cel}$ 为电离室中心收集极材料的非空气等效修正因子，该值由电离室中心收集极材料决定。本章只介绍指形电离室测量方法。

### （二）测量前的准备

如标定 X 射线一样，需要制作一张测量表格，此表格与标定 X 射线时基本一样（表 3.16），区别在于射束质一栏，用 $R_{50}$ 代替 $TPR_{20,10}$。分别查出或计算出各个参数。

表 3.16 测量表格

| | | | | | |
|---|---|---|---|---|---|
| 日期 | | 测量人员 | | | |
| 加速器型号 | | 测量条件 | | | |
| 剂量仪型号 | | 电离室型号 | | 测量电压 | |
| 温度 | ℃ | 气压 | kPa | $K_{TP}$ | |
| $K_{elec}$ | | $K_{pol}$ | | $K_s$ | |
| $N_{D,air}$ | $N_{D,air}=N_x(W/e)K_{att}K_m=N_k(1-g)K_{att}K_m$ | | | | |
| 能量 | | $R_{50}$ | | 实际摆位深度 | |
| $S_{w,a}$ | | $P_uP_{cel}$ | | $\overline{E_0}$ | |
| 未校准的剂量仪读数 | | $M_{raw}$= | | | |
| 校准后剂量仪的读数 | | $M=M_{raw}K_{TP}K_{elec}K_{pol}K_s$= | | | |
| 最大深度处测量剂量 | | $D_{max}=MN_{D,air}S_{w,a}P_uP_{cel}/PDD_d$= | | | |

### （三）测量示意图

由于指形电离室在测量时需要考虑其有效测量点，因此应把电离室的中心放置在最大测量深度 $z_{max}$ 加上深度 $0.5r$ 位置上，$r$ 为电离室空腔内半径，如图 3.4 所示。

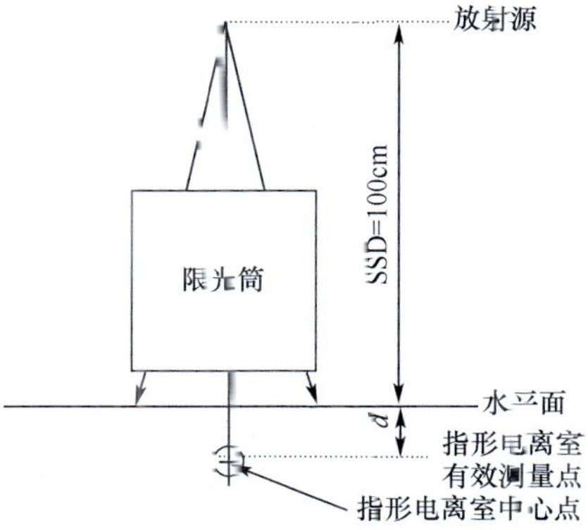


图 3.4 电子束标定示意图

### （四）实测示例

假定我们对一台 Elekta Infinity 的 10MeV 电子束进行标定，采用 UNIDOS E 剂量仪和 PTW30013 电离室，测量电压为 300V，测量条件为：SSD 为 100cm，射野大小为 10cm×10cm 限光筒，跳数为 100MU，参考测量深度为 $Z_{max}$=2.0cm，电离室有效测量点为其几何中心向入射方向前移 $0.5r$，因此电离室测量摆位深度为 2.16cm；由三维水箱测得电子束的实际射程为 4.9cm，$R_{50}$=3.96cm，水深 $z$=2cm，查得 $\overline{E_0}$=9.32MeV，从表 3.10 查得 $S_{w,a}$=1.046；$z/R_p$=0.408，求得 $\overline{E_z}/\overline{E_0}$=0.525，深度 $z$ 处的平均能量 $\overline{E_z}=0.525\overline{E_0}$=4.893MeV，由表 3.10 求得 $P_u$=0.958，因 PTW30013 收集极为直径为 1.1mm 的铝材料，查表 3.6 插值得 $P_{cel}$ 为 1.009，如表 3.17 所示。

表 3.17 电子束实测示例

| | | | | | |
|---|---|---|---|---|---|
| 日期 | 2019.8.3 | 测量人员 | 李某 | | |
| 加速器型号 | Elekta Infinity | 测量条件 | SSD 为 100cm，射野大小为 10cm×10cm，限光筒 | | |
| 剂量仪型号 | UNIDOS E | 电离室型号 | PTW31003 | 测量电压 | 300V |
| 温度 | 22℃ | 气压 | 100.8kPa | $K_{TP}$ | 1.0118 |
| $K_{elec}$ | 1 | $K_{pol}$ | 0.9999 | $K_s$ | 1.0001 |
| $N_{D,air}$ | $N_{D,air}=N_x(W/e)K_{att}K_m=1.042\times0.876\times0.975\approx0.890$ | | | | |
| 能量 | 10 MeV | $R_{50}$ | 3.96cm | 实际摆位深度 | 2.16cm |
| $S_{w,a}$ | 1.046 | $P_uP_{cel}$ | 0.967 | $\overline{E_0}$ | 9.32MeV |

按图 3.4 所示方式测量后，得到 $M_{raw}$=113.2，从而得到 $M$=114.6，得到最大深度处剂量为 103.7cGy，如表 3.18 所示。

表 3.18 测量结果示意表

| | |
|---|---|
| 未校准的剂量仪读数 | $M_{raw}$=113.2 |
| 校准后剂量仪的读数 | $M=M_{raw}K_{TP}K_{elec}K_{pol}K_s$=114.6 |
| 最大深度处测量剂量（$PDD_2$=0.995） | $D_{max}=MN_{D,air}S_{w,a}P_uP_{cel}/PDD_d$=103.7cGy |

可以认为在标准参考条件下，中心轴上最大点处最大误差为 (103.7−100)/100=+3.7%，中心轴上最大点处 1MU=1cGy 不成立，按 2% 的允许误差来讲，此能量需要重新校准标定。

# 第四章　AAPM TG-51 报告实践指南

AAPM TG-51 报告由美国医学物理学家协会（AAPM）于 1999 年发表于医学物理红皮杂志上的，是继 TG-21 和 TG-39 之后第三个主要针对剂量标定的操作性报告文件。虽然 TG-21 在剂量校准方面以高精度著称，但需要复杂的计算，尤其是与电离室和射束质相关的一些因子。TG-51 则在 TG-21 的基础上做相对简化，不再沿用大量的理论计算系数，如阻止本领、质量吸收系数等。本章不对 TG-21 做具体描述，而仅就 TG-51 报告在直线加速器中的实践应用进行详细的介绍。

## 第一节　相关参数定义

$d_{max}$：水模体中射野中心轴上，吸收剂量达到最大时的深度。

$d_{ref}$：参考深度。

%dd(10)：实测包含电子污染的 SSD=100cm，10cm×10cm 射野，水模体中射野下中心轴上水下 10cm 处的百分深度剂量。

$\%dd(10)_{Pb}$：在水模体上方（50±5）cm（若加速器结构不允许，则在水模体上方（30±1）cm 处）放置 1mm 铅箔（厚度精度在 ±20% 内即可），将射线完全遮挡测量所得 %dd(10)。

$\%dd(10)_x$：SSD=100cm，10cm×10cm 射野，水模体中射野中心轴上 10cm 深度处除去电子污染部分的百分深度剂量。

$k_Q$：射束质转换因子，即 $^{60}Co$ 射线下水的吸收剂量校准因子转换到任一射束质 $Q$ 下的校准因子的射束质转换因子，$k_Q$ 是 $Q$ 的函数，对于 $^{60}Co$ 射线，$k_Q$=1，对于其他射束质，由 $\%dd(10)_x$ 或 $R_{50}$ 决定。

$k_{R_{50}}$：电子束射束质转换因子 $k_Q$ 的计算分量，是一个电子射束质的函数，由 $R_{50}$ 决定，与测量点的电离梯度共同决定电子束的 $k_Q$。

$k'_{R_{50}}$：电子束射束质转换因子计算分量，由 $R_{50}$ 决定。指形电离室与平板电离室的 $k'_{R_{50}}$ 可以查图获得，也可分别用相关公式推导而得。

$k_{ecal}$：射束质 $Q$ 为 $R_{50}$=7.5cm 的参考高能电子束相对于 $^{60}Co$ γ 射线的射束质转换因子。

$M$：经过完全修正后的静电计的读数（C 或 rdg）。

$M_{raw}$：静电计的初始读数（C 或 rdg），通常是在校准电压偏置下测得的初始读数。

$M_{raw}^{H}$：电压为 $V_H$ 时的电离室读数。

$M_{raw}^{L}$：电压为 $V_L$ 时的电离室读数。

$M_{raw}^{+}$：电离室加负极化电压采集正电荷时的读数。

$M_{raw}^{-}$：电离室加正极化电压采集负电荷时的读数。

$N_{D,w}^{Q}$：参考条件下由在 $Q$ 辐射场中得到的电离室的水中吸收剂量校准因子。

$N_{D,w}^{^{60}Co}$：参考条件下由 $^{60}$Co 辐射场中得到的电离室的水中吸收剂量校准因子，由国家计量实验室测定。无条件进行直接测定的可由以下公式进行计算：

$$N_{D,w}^{^{60}Co} = 1.134(1-0.00136r_{cav})N_X\left(\frac{N_{gas}}{N_X}\right)P_{wall}$$

其中，$r_{cav}$ 为电离室气腔半径（mm）。$P_{wall}$ 为电离室壁材料对射线吸收和散射的修正因子，若室壁由水的等效材料制成，可取值 1，否则需考虑室壁和水模中次级电子产生的电离电量所占的比例，具体公式可参考 TG-21 报告。$N_{gas}$ 为空腔气体校准因子，很多资料中直接给出多种常用电离室的 $\frac{N_{gas}}{N_X}$ 值。$N_X$ 为电离室剂量计的照射量校准因子。

$P_{TP}$：温度和气压修正因子（标准环境条件：亚洲 20℃，欧洲 22℃，气压 101.33kPa，相对湿度 20%～80%）。

$P_{gr}^{Q}$：参考深度处的圆柱形电离室的剂量梯度修正因子，仅圆柱形电离室需要 $P_{gr}^{Q}$，其依赖于空腔半径和测量点的电离梯度，由用户测量获得。

$P_{ion}$：电离室的离子复合效应修正因子，即电离室的收集不完全修正因子（若 $P_{ion} \geqslant 1.05$，则电离室的该项不确定度不可接受，应换用符合标准的电离室）。

$P_{pol}$：极化修正因子。

$P_{elec}$：静电计的修正因子，若静电计和电离室作为一个整体被校准，则 $P_{elec}=1$。静电计和电离室分别单独校准时由国家一级或二级实验室给出修正因子。

$R_{50}$：电子束深度剂量曲线上最大剂量的 50% 所对应的深度。

$V_H$：常规使用的偏置工作电压。

$V_L$：特殊情况下的低压偏置工作电压，通常取 $\frac{1}{2}V_H$ 的值。

## 第二节　加速器 X 射线剂量标定

TG-51 报告用于高能光子束和高能电子束的参考射野的绝对剂量校准，其对于光子束的能量适用范围为钴-60 源的平均能量（1.25MeV）至 50MV 的光子能量，对于电子束的能量适用范围为 4～50MeV。主要公式如下：

$$D_w^Q = Mk_Q N_{D,w}^{^{60}Co}$$

其中，$D_w^Q$ 为参考条件下电离室在测量点处的水吸收剂量；$N_{D,w}^{^{60}Co}$ 为钴-60 源射束在参考条件下水吸收剂量校准因子。由于该因子由标准剂量实验室给出，所以必须追溯到国家基准。我国的剂量基准机构是中国计量科学研究院（National Institute of Metrology，China，NIM）。$Q$ 为待校准射束的射束质，$k_Q$ 为射束质转换因子。$k_Q$

可将钴-60 源下得到的校准因子 $N_{D,w}^{60Co}$ 转换为射束质为 $Q$ 的射束的校准因子 $N_{D,w}^{Q}$。$M$ 为经修正的剂量仪读数，由未经修正的剂量仪读数 $M_{raw}$ 和各项修正因子组成，其公式为

$$M=M_{raw}P_{ion}P_{TP}P_{elec}P_{pol}$$

其中，$P_{ion}$ 对电离室空腔的离子复合效应进行修正；$P_{TP}$ 修正温度和气压相对于校准环境的变化对读数的影响；$P_{elec}$ 仅用于对电离室和剂量仪分别校准时修正剂量仪误差；$P_{pol}$ 修正电离室的极化效应。

## 一、测量设备和条件

### （一）电离室和剂量仪

测量光子束要使用指形（Farmer 型）电离室，通常选用灵敏体积为 0.6cc 的指形电离室，更小体积的电离室具有更好的空间分辨率，但信号低不便于测量，所以在参考条件下绝对剂量标定时不做推荐。测量必须在水模体中进行，因而需考虑所选电离室是否防水。现代市售的指形电离室都有防水设计，具体可参照厂商提供的产品手册。若电离室不包含防水设计，可采用 PMMA（有机玻璃）或薄乳胶套材质的防水套，并要求防水套与电离室外壁间空隙小于 0.2mm。测量所用的剂量仪要求对电离室的加压是可调的，调节范围为：最高电压与最低电压的比值不小于 2，且极性可以反转。若将电离室和剂量仪作为一个单元进行校准，则剂量仪的修正因子 $P_{elec}=1$；若分别进行校准，则 $P_{elec}\neq1$，其数值由剂量仪校准机构给出。

### （二）模体

用 TG-51 报告对光子束（电子束）进行绝对剂量标定时，要求长、宽、高在不小于 30cm×30cm×30cm 的水模体中进行，若射束到达电离室前要穿过水箱壁（如将加速器机架转至水平位置后进行测量），且穿过的水箱壁厚度不小于 0.2cm，必须对水箱壁材料进行等效水厚度计算。

### （三）射野参考条件

开野，指形电离室的几何中心置于水模体下 10cm 深度处，水模体摆位可以按照源皮距 SSD 为 100cm 或者源轴距 SAD 为 100cm，两种摆位的射野尺寸均为距源 100cm 的平面处 10cm×10cm 射野。由于指形电离室内空腔的射线入射面不是平面，其有效测量点与电离室几何中心不重合，TG-51 报告对此问题进行了简化，即指形电离室测量时均按照几何中心直接进行摆位，而在计算中包含了相应的换算。如图 4.1 所示，我们通常采用 SSD 模式进行标定。

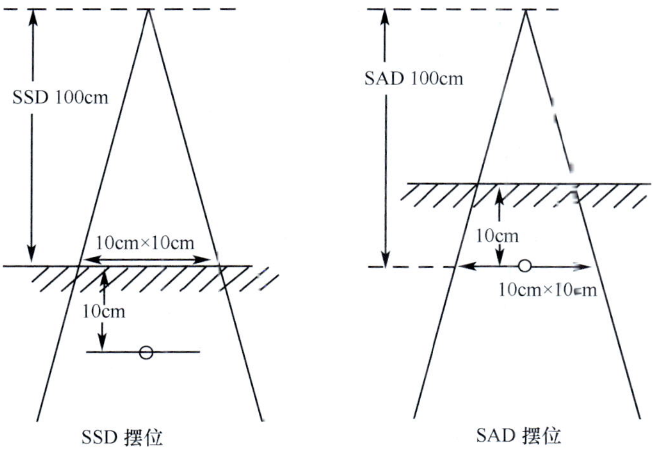


图 4.1 射野参考条件示意图

## 二、X 射线标定计算

AAPM TG-51 的直线加速器 X 射线标定校准规程基于水吸收剂量校准因子 $N_{D,w}^{^{60}Co}$，而不是电离室的照射量校准因子或空气比释动能校准因子。用户不需要理论计算任何剂量因子，也不需要关于阻止本领比和质能吸收系数比的相关表格；操作上要比 IAEA TRS-277 及 TG-21 更加简单。TG-51 直线加速器 X 射线吸收剂量校准基于以下方程：

$$D_w^Q = Mk_Q N_{D,w}^{^{60}Co}$$

从公式中可以看出直线加速器 X 射线标定基于三个参数，分别是 $M$、$k_Q$ 和 $N_{D,w}^{^{60}Co}$，其中 $N_{D,w}^{^{60}Co}$ 为钴-60 源射束在参考条件下水吸收剂量校准因子，该因子由标准剂量实验室给出。因此，只剩下两个未知数，解出这两个未知数即可判定标准条件下最大剂量点处是否有 1MU=1cGy。

### （一）$k_Q$ 的获取和相关计算

每一次进行 X 射线的绝对剂量标定时，要用射束质转换因子 $k_Q$ 将钴-60 源下得到的校准因子 $N_{D,w}^{^{60}Co}$ 转换为射束质为 $Q$ 的射束的校准因子 $N_{D,w}^Q$，$k_Q$ 是关于射束质 $Q$ 的函数。X 射线光谱决定射束质，射束质表示方法很多，TG-51 报告使用了 $\%dd(10)_x$ 表示加速器光子束的射束质，即参考条件下，水下 10cm 深度处 X 射线（不包含机头产生的电子污染）的百分深度剂量。我们首先需要通过测量和计算得到射野中心轴上 X 射线的深度剂量曲线，得到 $\%dd(10)_x$，再查表得到所用电离室的射束质转换因子 $k_Q$。在测射束质时必须采用 SSD=100cm 的摆位设置，因为 %dd(10) 是关于 SSD 的函数。使用指形电离室测量各个深度的数据所得为深度电离曲线，要想得到深度剂量曲线还需经过换算，通常三维水箱都自带换算模块。因光子束中心轴上超过最大剂量深度 $d_{max}$ 以后阻止本领比的变化非常小，可忽略不计，此时 X

射线的电离曲线与深度剂量曲线变化不是很大，所以也可以用电离曲线近似代替深度剂量曲线。由于指形电离室的有效测量点在几何中心的近源端，如前文所述，测量时须按照其几何中心进行摆位测量，所得的深度电离曲线事实上代表的是电离室近源端某深度处的数据，即应将测得的深度电离曲线向表浅的方向偏移，如图 4.2 所示，虚线为测得曲线，实线为经偏移修正的曲线。指形电离室和球形电离室在光子束中的偏移量取 $0.6r_{cav}$。当然，目前的三维水箱都自带自动计算有效测量点功能，三维水箱测出来的曲线已自动偏移好，这种情况下就不应该再偏移 $0.6r_{cav}$，因此，当拿到一条百分深度剂量曲线时，必须弄清楚这些细节。

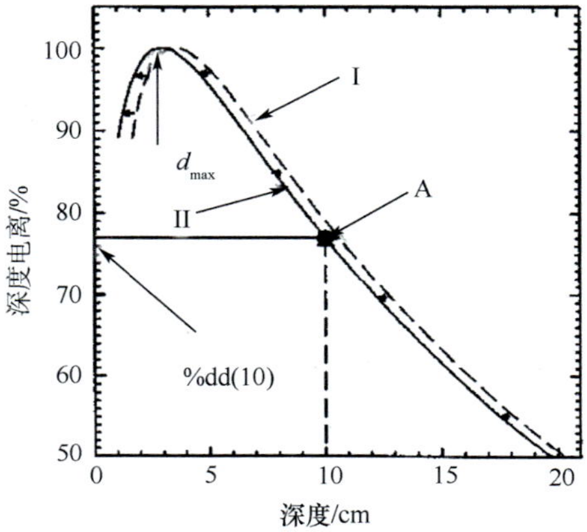


图 4.2　深度电离曲线的深度偏移修正
虚线为测得的深度电离曲线，实线为向近源端修正一定偏移量的曲线

图 4.2 所测 X 射线能量（名义能量）低于 10MV 时，无须考虑电子污染，仅需对测得的深度电离曲线进行偏移修正，即有 $\%dd(10)_x=\%dd(10)$。对于能量大于或等于 10MV 的 X 射线，机头散射产生的电子可能显著影响到 $d_{max}$ 处剂量，从而影响到 %dd(10)，因此我们通常要在水模体上方某个距离放置一块厚度为 1mm 厚的铅板，屏蔽机头产生的散射电子，降低电子污染的影响至可忽略的级别，并将铅板产生的电子污染计算进去，得到 $\%dd(10)_x$。铅板厚度要求并不严格，0.8～1.2mm 范围都可接受。铅板放置于距水面（50±5）cm 的上方，条件不允许时也可置于距水面（30±1）cm 处。

获取 $\%dd(10)_x$ 的步骤如下：

（1）根据需要放置铅片；

（2）测量深度电离曲线，若使用的是指形或球形电离室，则再进行 $0.6r_{cav}$ 的偏移量修正；

（3）获取 %dd(10) 或 $\%dd(10)_{Pb}$；

（4）计算 $\%dd(10)_x$：

1）能量＜ 10MV 时 $\%dd(10)_x=\%dd(10)$。

2）能量 ≥ 10MV，铅片置于水上（50±5）cm 处，且 $\%dd(10)_{Pb} \geq 73\%$ 时，$\%dd(10)_x=[0.8905+0.00150\times\%dd(10)_{Pb}]\times\%dd(10)_{Pb}$。

3）能量 ≥ 10MV，铅片置于水上（50±5）cm 处，且 $\%dd(10)_{Pb} < 73\%$ 时，$\%dd(10)_x=\%dd(10)_{Pb}$。

4）能量 ≥ 10MV，铅片置于水上（30±1）cm 处，且 $\%dd(10)_{Pb} \geq 71\%$ 时，$\%dd(10)_x=[0.8116+0.00264\times\%dd(10)_{Pb}]\times\%dd(10)_{Pb}$。

5）能量 ≥ 10MV，铅片置于水上（30±1）cm 处，且 $\%dd(10)_{Pb} < 71\%$ 时，$\%dd(10)_x=\%dd(10)_{Pb}$。

在临床实践中，放置铅片可能遇到操作困难，而且此过程加入可能带来临床风险：测量射束质时使用了铅片，而在最后测量绝对剂量时忘记移除铅片的情况也有发生，从而造成剂量标定差错。在没有薄铅片时，TG-51 报告推荐如下通用方程：

当 $\%dd(10) \leq 75\%$ 时，$\%dd(10)_x=\%dd(10)$。

当 $75\% < \%dd(10) \leq 89\%$ 时，$\%dd(10)_x=1.267\times\%dd(10)-20.0$。

以上通用方程通常要求加速器的末端钨门到水模体表面距离不小于 45cm。此通用方程算得的 $\%dd(10)_x$ 在极端情况下得到的最大误差为 2%，此情况下最终引起吸收剂量的误差为 0.4%。

$k_Q$ 曲线不仅与 $\%dd(10)_x$ 有关，针对不同电离室型号，$k_Q$ 曲线也不同。TG-51 报告提供了几种常用型号的电离室的 $k_Q$ 曲线图，如图 4.3 所示，$k_Q$ 数值表如表 4.1 所示。

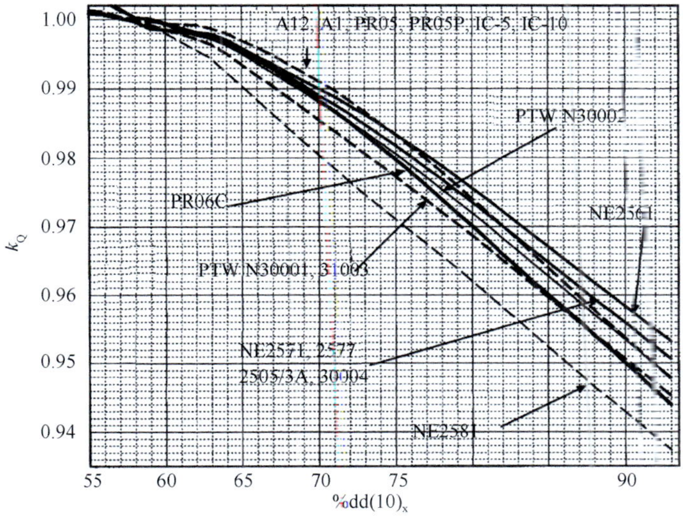


图 4.3　常用型号的电离室的 $k_Q$ 曲线图

表 4.1 常用型号的电离室的 $k_Q$ 数值表

| 电离室 | $k_Q$ | | | | | |
|---|---|---|---|---|---|---|
| | %dd(10)$_x$ | | | | | |
| | 58.0 | 63.0 | 66.0 | 71.0 | 81.0 | 93.0 |
| Capintec PR-05/PR-05P | 0.999 | 0.997 | 0.995 | 0.990 | 0.972 | 0.948 |
| Capintec PR-06C/G 0.6cc Farmer | 1.000 | 0.998 | 0.994 | 0.987 | 0.968 | 0.944 |
| Exradin A1 Shonka | 0.999 | 0.998 | 0.996 | 0.990 | 0.972 | 0.948 |
| Exradin A12 Farmer | 1.000 | 0.999 | 0.996 | 0.990 | 0.972 | 0.948 |
| NE2505/3,3A 0.6cc Farmer | 1.000 | 0.998 | 0.995 | 0.988 | 0.972 | 0.951 |
| NE2561 0.33cc NPL Sec. Std | 1.000 | 0.998 | 0.995 | 0.989 | 0.974 | 0.953 |
| NE2571 0.66cc Farmer | 1.000 | 0.998 | 0.995 | 0.988 | 0.972 | 0.951 |
| NE2577 0.2cc | 1.000 | 0.998 | 0.955 | 0.988 | 0.972 | 0.951 |
| NE2581 0.6cc robust Farmer | 1.000 | 0.994 | 0.988 | 0.979 | 0.960 | 0.937 |
| PTW N30001 0.6cc Farmer | 1.000 | 0.996 | 0.992 | 0.984 | 0.967 | 0.945 |
| PTW N30002 0.6cc all Graphite | 1.000 | 0.997 | 0.994 | 0.987 | 0.970 | 0.948 |
| PTW N30004 0.6cc Graphite | 1.000 | 0.998 | 0.995 | 0.988 | 0.973 | 0.952 |
| PTW 31003 0.3cc waterproof | 1.000 | 0.996 | 0.992 | 0.984 | 0.967 | 0.946 |
| Wellhöfer IC-10/IC-5 | 1.000 | 0.999 | 0.996 | 0.989 | 0.971 | 0.946 |

测量和计算得到 %dd(10)$_x$ 后，可直接由图 4.3 得出 $k_Q$ 因子，也可查表 4.1 得出，如果对数字化的表格进行插值计算，可以得出更精确的 $k_Q$ 值。对于图表中未包含型号的电离室，可以向电离室厂商索取相关资料。表 4.2 为德国 PTW 公司提供的不同电离室在不同射束质下的 $k_Q$ 因子值。

表 4.2 PTW 典型电离室 $k_Q$ 因子值

| 射束质 %dd(10)$_x$ | PTW23333/30001/30010 Farmer | PTW 30002/30011 Farmer | PTW 30004/30012 Farmer | PTW 30006/30013 Farmer | PTW 31002/31010 0.125cm$^3$Flexible | PTW 31003/31013 0.3cm$^3$Flexible |
|---|---|---|---|---|---|---|
| 58.0 | 1.000 | 1.000 | 1.000 | 1.000 | 1.000 | 1.000 |
| 63.0 | 0.996 | 0.997 | 0.998 | 0.996 | 0.996 | 0.996 |
| 66.0 | 0.992 | 0.994 | 0.995 | 0.992 | 0.992 | 0.992 |
| 71.0 | 0.984 | 0.987 | 0.988 | 0.984 | 0.984 | 0.984 |
| 81.0 | 0.967 | 0.970 | 0.973 | 0.967 | 0.967 | 0.967 |
| 93.0 | 0.945 | 0.948 | 0.952 | 0.945 | 0.946 | 0.946 |

## （二）剂量仪读数测量和计算

TG-51 报告将电离室相关的各项修正都包含在剂量仪读数 $M$ 中，其表达式为

$$M=M_{\mathrm{raw}}P_{\mathrm{ion}}P_{\mathrm{TP}}P_{\mathrm{elec}}P_{\mathrm{pol}}$$

其中，$P_{\mathrm{elec}}$ 由标准剂量实验室给出；$P_{\mathrm{ion}}$、$P_{\mathrm{pol}}$ 需要在标定前测量得出；$P_{\mathrm{TP}}$ 因子修正剂量标定时的温度和气压变化对读数的影响，$M_{\mathrm{raw}}$ 则为标定时未经任何修正的剂量仪读数。

我国用户单位通常将电离室和剂量仪一起送检，$P_{\mathrm{elec}}$ 直接取值 1.00，若电离室和剂量仪分别送检，则 $P_{\mathrm{elec}}$ 取标准剂量实验室给出的值。

电离室极化效应修正因子 $P_{\mathrm{pol}}$ 用于修正电离室工作电压的极性改变带来的影响，极化效应与射束射束质、电离室的设计、电缆位置等有关，电离室的 $P_{\mathrm{pol}}$ 不应超过 ±3%。极化效应修正因子 $P_{\mathrm{pol}}$ 的计算公式如下：

$$P_{\mathrm{pol}}=\left|\frac{M_{\mathrm{raw}}^{+}-M_{\mathrm{raw}}^{-}}{2M_{\mathrm{raw}}}\right|$$

其中，$M_{\mathrm{raw}}^{+}$ 为电离室收集极为正极时剂量仪读数；$M_{\mathrm{raw}}^{-}$ 为电离室收集极为负极时的剂量仪读数；$M_{\mathrm{raw}}$ 则为最后绝对剂量测量时所用极性下的剂量仪读数，也应与标准剂量实验室对电离室校准时使用的极性相同。

电离室的离子复合效应修正因子 $P_{\mathrm{ion}}$ 用于修正电离室内正负离子复合效应对读数的影响，离子复合效应与辐射类型和辐射剂量率相关。因电离室存在饱和效应，当电离室电极两端电压逐渐增大时，其电离电流在开始阶段呈直线增长，随后逐渐变缓，终达到饱和值，如图 4.4 所示。在正常的工作电压下，经过电离室的离子复合效应修正因子 $P_{\mathrm{ion}}$ 的修正，电离室的收集精度会非常高。电离室的离子复合效应修正因子 $P_{\mathrm{ion}}$ 一般不会大于 1.05，如果超过 1.05，不建议用此电离室来测量，需要更换。

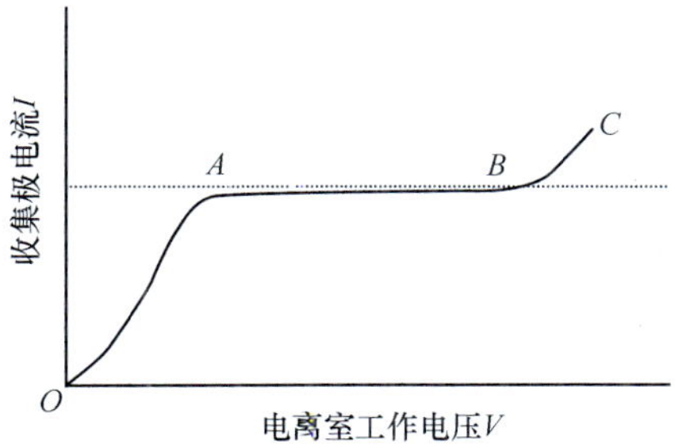

图 4.4 电离室饱和曲线

电离室的离子复合效应修正因子 $P_{\mathrm{ion}}$ 用双电压法求得，即在待标定射束下对电离室加不同的电压时测量产生的电荷，$V_{\mathrm{H}}$ 为常规使用的电压，然后降低电压至 $V_{\mathrm{L}}$ 进行测量，要求 $V_{\mathrm{L}}\leqslant\frac{V_{\mathrm{H}}}{2}$。根据射束是否连续，可分别用以下两个公式求得。

连续射束（如 $^{60}$Co）：

$$P_{\mathrm{ion}}(V_{\mathrm{H}})=\frac{1-(V_{\mathrm{H}}/V_{\mathrm{L}})^{2}}{M_{\mathrm{raw}}^{\mathrm{H}}/M_{\mathrm{raw}}^{\mathrm{L}}-(V_{\mathrm{H}}/V_{\mathrm{L}})^{2}}$$

脉冲射束（一般直线加速器都是脉冲射束）：

$$P_{\text{ion}}(V_{\text{H}}) = \frac{1 - V_{\text{H}} / V_{\text{L}}}{M_{\text{raw}}^{\text{H}} / M_{\text{raw}}^{\text{L}} - V_{\text{H}} / V_{\text{L}}}$$

在日常工作中，我们通常取 $V_{\text{H}}$ 为电离室正常偏置工作电压，$V_{\text{L}}$ 取 $\frac{1}{2}$ $V_{\text{H}}$ 值，比如电离室测量工作电压 $V_{\text{H}}$ 为 +400V 时，$V_{\text{L}}$ 取 +200V；$M_{\text{raw}}^{\text{H}}$ 为电离室测量工作电压为 $V_{\text{H}}$ 时在参考深度下测得的静电计原始读数，$M_{\text{raw}}^{\text{L}}$ 为电离室测量工作电压为 $V_{\text{L}}$ 时在参考深度下测得的静电计原始读数，这里的参考深度不考虑有效测量点，即电离室中心点处深度。

测量 $P_{\text{ion}}$ 时应采用与最终剂量标定时一致的剂量率。剂量仪对电离室加上电压或改变电压后须等待至读数稳定（不少于几分钟）。

电离室的校准因子 $N_{\text{D,w}}^{^{60}\text{Co}}$ 是在标准剂量实验室的标准环境下测得的，温度气压修正因子 $P_{\text{TP}}$ 用于修正测量环境（温度和气压）变化对读数的影响。TG-51 报告给出的 $P_{\text{TP}}$ 的公式为

$$P_{\text{TP}} = \frac{273.2 + T}{273.2 + T_0} \frac{P_0}{P}$$

其中，$T$ 为电离室周围水的摄氏温度；$P$ 为单位气压。需要注意的是：TG-51 报告给出的环境（温度和气压）标准值是基于美国和加拿大的气候设定的，我们国家实验室里的标准温度一般为 20℃，北美国家实验室里的标准温度一般为 22℃，所以北美国家 $T_0$ 取 22℃，而我们一般 $T_0$ 取 20℃。在应用此报告时，环境标准值应参照相应的标准剂量实验室的校准环境，详情应参照电离室的校准报告。例如，标准剂量实验室的校准环境温度为 20.0℃，气压为 101.3kPa 时，上式应该改为

$$P_{\text{TP}} = \frac{273.2 + T}{273.2 + 20.0} \frac{101.3}{P}$$

测量 $P_{\text{TP}}$ 时，在电离室插入水模体后，通常需要等待 5～10min，以确保电离室与周围环境达到热平衡状态。水温与室温应相差不大，以减少水温变化带来的测量误差。$P_{\text{TP}}$ 不对空气相对湿度变化进行修正，但是有前提条件，即相对湿度处于 20%～80% 范围内，在此范围内，湿度变化可引起的误差范围为 ±0.15%。

### （三）水吸收剂量的测量和计算

根据公式 $D_{\text{w}}^{\text{Q}} = Mk_{\text{Q}}N_{\text{D,w}}^{^{60}\text{Co}}$，在获得水吸收剂量校准因子 $N_{\text{D,w}}^{^{60}\text{Co}}$、射束质转换因子 $k_{\text{Q}}$，以及剂量仪读数的各项修正因子（$P_{\text{ion}}$、$P_{\text{pol}}$、$P_{\text{TP}}$、$P_{\text{elec}}$）后，将电离室置于参考射野下参考深度处，根据临床使用习惯选用 SSD=100cm 或 SAD=100cm 的摆位设置，两种摆位设置参照图 4.1。给定机器跳数，测量得到无修正的剂量仪读数 $M_{\text{raw}}$，计算即可得到给定机器跳数的测得剂量。具体步骤如下：

（1）根据 %dd(10)，计算获得 %dd(10)$_{\text{x}}$；

（2）根据加速器的射束质指数 $\%dd(10)_x$，查表获得 $k_Q$；

（3）通过测量 $P_{ion}$、$P_{pol}$、$P_{TP}$ 值（$P_{elec}=1$），以及在参考条件下获取 $M_{raw}$ 值，计算 $M$ 值；

（4）根据公式 $D_w^Q = Mk_Q N_{D,w}^{^{60}Co}$，得到参考深度下的 $D_w^Q$ 值；

（5）根据 %dd(10) 值，反推到最大点处的 $D_w^Q$ 值；

（6）比较输入 MU 值是否与最大点处的 $D_w^Q$ 值一致。

# 第三节 加速器电子束剂量标定

与标定直线加速器 X 射线相比，受电子束的剂量学特性影响，标定直线加速器电子束时，相对复杂一些。比如标定不同能量的电子束，需要不同结构型号的电离室，采用不同深度的测量点，选用不同大小的限光筒等。AAPM TG-51 中就直线加速器电子束标定时，都有明确的规定，本节中将对其作描述。

## 一、电离室与限光筒的选择

### （一）电离室的选择

空腔体积为 0.6cm$^3$ 的指（柱）形电离室，比如 NE Farmer 2581 电离室、PTW Farmer chamber 30013 电离室等，常用来作为直线加速器的标定电离室。因直线加速器的电子束有其独特的特性，特别是能量较低的电子束。如果仍然采用 0.6cm$^3$ 指（柱）形电离室来测量标定的话，会导致较大的测量标定误差。平行板电离室与 0.6cm$^3$ 指（柱）形电离室相比，其电极间距更小，它的气腔在辐射场中产生的扰动更小，这些特征使它在电子束的剂量测量中的表现更优于 0.6 cm$^3$ 指（柱）形电离室。

AAPM TG-51 对此做了明确的规定，当电子束的 $R_{50} \leqslant 4.3$ cm 时，即电子束的入射能量为 10MeV 或更低时，建议采用平行板电离室，当然高能量电子束可以都用平行板电离室来测量；当电子束的 $R_{50} \leqslant 2.6$ cm，即电子束的入射能量为 6 MeV 或更低时，必须采用平行板电离室来测量标定。具体如表 4.3 所示。

表 4.3 电子束 $R_{50}$、入射能量与所需采用电离室间的关系表

| 电子束 $R_{50}$ | 电子束入射能量 | 采用测量标定电离室 |
|---|---|---|
| $R_{50} \leqslant 2.6$cm | ≤ 6MeV | 平行板电离室 |
| 2.6cm < $R_{50} \leqslant 4.3$cm | ≤ 10MeV | 平行板电离室或指（柱）形电离室 |
| $R_{50} > 4.3$cm | > 10MeV | 平行板电离室或指（柱）形电离室 |

注意事项：这里还是要重点强调一点，电子束测量标定时，经常会用到 $R_{50}$ 因子，$R_{50}$ 是百分深度吸收剂量曲线上的值，而不是百分深度电离曲线上的值 $I_{50}$，它们之间的关系式为

$$R_{50}=1.029I_{50}-0.06\ (\text{cm}),\ (2\text{cm} \leqslant I_{50} \leqslant 10\text{cm})$$

或

$$R_{50}=1.059I_{50}-0.37\ (\text{cm}),\ (I_{50} > 10\text{cm})$$

除此之外，一定要知道并明白，我们用三维水箱初次测量出来的是百分深度电离曲线，一般三维水箱都会有转换软件，必须把百分深度电离曲线转化成百分深度剂量曲线，这一点对电子束来说尤为重要，是与电子束在最大点之后其阻止本领比变化较大息息相关的。测量百分深度电离曲线时，如果用指（柱）形电离室，需要考虑有效测量点，有效测量点的设定可以在三维水箱测量前就设置好，或者在测量好后通过整体平移的方式得到有效百分深度电离曲线。如图 4.5 所示，其中长虚线 I 是原始百分深度电离曲线，实线 II 是整体平移后的百分深度电离曲线，短虚线III是经转化后的百分深度吸收剂量曲线，B 点为 $I_{50}$ 在整体平移后的百分深度电离曲线上的示意点。如果用平板电离室来测 PDD 时，不用考虑有效测量点，在图 4.5 中表现为曲线 I 和曲线 II 完全重合。

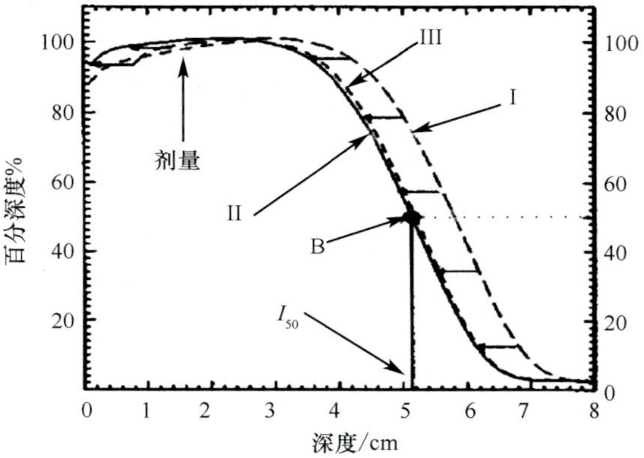

图 4.5 电子束百分深度电离曲线示意图

## （二）限光筒的选择

在直线加速器的 X 射线标定中，通常是用 10cm×10cm 的射野来标定，而在电子束的标定过程中，需要采用特定大小的电子束限光筒来标定，一般直线加速器都会标配 6cm×6cm、10cm×10cm、15cm×15cm、20cm×20cm、25cm×25cm 5 个限光筒，日常临床治疗中用这 5 个限光筒来形成不同大小的治疗野来治疗患者。

对标定时所需采用的限光筒，AAPM TG-51 有如下规定：对 $R_{50} \leqslant 8.5\text{cm}$ 的电子束，即入射能量≤ 20MeV 时，采用≥ 10cm×10cm 的限光筒来标定；对 $R_{50} > 8.5\text{cm}$ 的电子束，即入射能量＞ 20MeV 时，采用≥ 20cm×20cm 的限光筒来标定，如表 4.4 所示。

表 4.4 电子束 $R_{50}$、入射能量与所需采用限光筒间的关系表

| 电子束 $R_{50}$ | 电子束入射能量 | 采用测量标定限光筒 |
|---|---|---|
| $R_{50} \leqslant 8.5$cm | $\leqslant$ 20MeV | $\geqslant$ 10cm×10cm |
| $R_{50} > 8.5$cm | > 20MeV | $\geqslant$ 20cm×20cm |

## 二、测量深度点的选择

虽然我们标定的目的是让射线束在特定大小射野下，最大剂量点处，使得其1MU=1cGy，也就是说当加速器出了1MU的机器出束单位时，特定大小射野下，最大点处应得到1cGy的剂量，即我们标定最大点处的剂量，但与X射线标定一样，通常不用最大点处来标定，而是采用特殊点来测量，再通过射线束的百分剂量转化到最大点处。相对X射线的固定深度10cm，电子束的测量标定深度的确是个变值，它取决于射线束的能量，即能量不同，测量标定深度也不同，具体由如下公式得出：

$$d_{ref}=0.6R_{50}-0.1\ \text{（cm）}$$

测量标定深度及 $R_{50}$ 在电子束百分深度吸收曲线上的典型示意图，见图 4.6。通常情况下我们是采用SSD为100cm，在特定射野大小下测量标定，如果射野大小不变，SSD为90～110cm间的测量标定，其测量深度也采用同样的测量深度。值得注意的是，当能量比较低时，$d_{ref}$ 值通常就是 $d_{max}$。

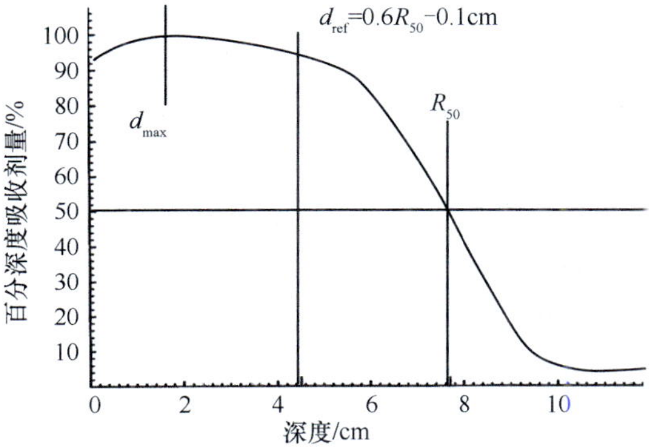


图 4.6 测量标定深度及 $R_{50}$ 在电子束百分深度吸收曲线上的示意图

按上述计算公式，不难算出当对应电子束射束的 $R_{50}$=4.3cm，入射射线约为10MeV时，其测量标定的深度为2.48cm。要特别注意的是：与测量标定X射线时一样，即标定时，把指（柱）形电离室的中心轴放置到水下2.48cm处；当用平行板电离室时，平行板电离室的入射窗内表面置于水下2.48cm处。这里不需要考虑有效测量点的问题，是因为电子束标定计算公式中的 $P_{gr}^{Q}$ 参数里已涉及有效测量点问题。

## 三、电子束标定计算

在 AAPM TG-51 直线加速器 X 射线标定中，我们知道其测量吸收公式为

$$D_{\mathrm{w}}^{\mathrm{Q}}=Mk_{\mathrm{Q}}N_{\mathrm{D,w}}^{^{60}\mathrm{Co}}(\mathrm{Gy})$$

同样，在电子束测量时，该公式也是适用的，只不过 $k_{\mathrm{Q}}$ 所赋予的内容不同。在电子束测量时，$k_{\mathrm{Q}}$ 包含两部分内容，即

$$k_{\mathrm{Q}}=P_{\mathrm{gr}}^{\mathrm{Q}}k_{R_{50}}$$

其中，$k_{R_{50}}$ 又可用下述公式表述：

$$k_{R_{50}}=k'_{R_{50}}k_{\mathrm{ecal}}$$

因此电子束在水中的吸收测量公式为

$$D_{\mathrm{w}}^{\mathrm{Q}}=MP_{\mathrm{gr}}^{\mathrm{Q}}k'_{R_{50}}k_{\mathrm{ecal}}N_{\mathrm{D,w}}^{^{60}\mathrm{Co}}(\mathrm{Gy})$$

电子束测量标定时，通常需要用平行板电离室或者高能量时用指（柱）形电离室来测量标定，因用这两种电离室进行测量会略有区别，所以接下来对它们分别进行阐述。

### （一）指（柱）形电离室测量标定

**1. $M$ 值** $M$ 值跟测量标定 X 射线时一样，是经过气压、温度修正因子 $P_{\mathrm{TP}}$，极化效应修正因子 $P_{\mathrm{pol}}$，静电计修正因子 $P_{\mathrm{elec}}$ 及电离室的离子复合效应修正因子 $P_{\mathrm{ion}}$ 四个修正因子修正过后的静电计读数，即

$$M=P_{\mathrm{ion}}P_{\mathrm{TP}}P_{\mathrm{elec}}P_{\mathrm{pol}}M_{\mathrm{raw}}$$

其中，$M_{\mathrm{raw}}$ 为静电计测量原始数据。4 个修正因子的取值与测量 X 射线时一致，请参考本章第二节。

**2. $P_{\mathrm{gr}}^{\mathrm{Q}}$ 值** $P_{\mathrm{gr}}^{\mathrm{Q}}$ 值又叫梯度效应修正因子，适用于指（柱）形电离室，其值依赖于电离室的腔内半径及测量点的电离梯度，平板电离室 $P_{\mathrm{gr}}^{\mathrm{Q}}$ 值为 1。对指（柱）形电离室来说，当参考深度为 $d_{\max}$ 时，$P_{\mathrm{gr}}^{\mathrm{Q}}\approx1$，通常电子束的能量低于 10MeV 时就会出现这种现象。临床测量标定时，指（柱）形电离室的 $P_{\mathrm{gr}}^{\mathrm{Q}}$ 值用如下公式获得：

$$P_{\mathrm{gr}}^{\mathrm{Q}}=\frac{M_{\mathrm{raw}}(d_{\mathrm{ref}}+0.5r_{\mathrm{cav}})}{M_{\mathrm{raw}}(d_{\mathrm{ref}})}$$

其中，$r_{\mathrm{cav}}$ 为电离室空气腔的有效半径，单位为 cm；$\frac{M_{\mathrm{raw}}(d_{\mathrm{ref}}+0.5r_{\mathrm{cav}})}{M_{\mathrm{raw}}(d_{\mathrm{ref}})}$ 是电离室中心轴分别在射束中心轴的（$d_{\mathrm{ref}}+0.5r_{\mathrm{cav}}$）和 $d_{\mathrm{ref}}$ 深度处的静电计读数（电荷量或电流计数初始值）比值。具体测量位置深度示意图如图 4.7 所示。

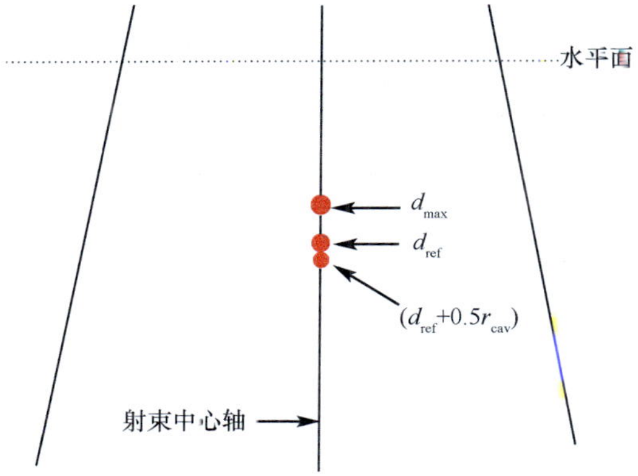


图 4.7　$P_{gr}^{Q}$ 测量位置深度示意图

**3. $k'_{R_{50}}$ 值**　$k'_{R_{50}}$ 值通常是关于 $R_{50}$ 的函数值，TG-51 中给出了一张通用指（柱）形电离室的在参考深度 $d_{ref}$ 下，测量标定能量低于 21MeV 的电子束时（$2 \leqslant R_{50} \leqslant 9$）的 $k'_{R_{50}}$ 图，如图 4.8 所示。当能量更高时（$9 \leqslant R_{50} \leqslant 20$），可参考图 4.9。如果是 Farmer 类型的指（柱）形电离室，在电子束能量为 $2 \leqslant R_{50} \leqslant 9$ 范围内，可用下面的表达式来计算 $k'_{R_{50}}$ 值，最大误差为 0.2%。

$$k'_{R_{50}}(\text{cyl})=0.9905+0.0710e^{-R_{50}/3.67}$$

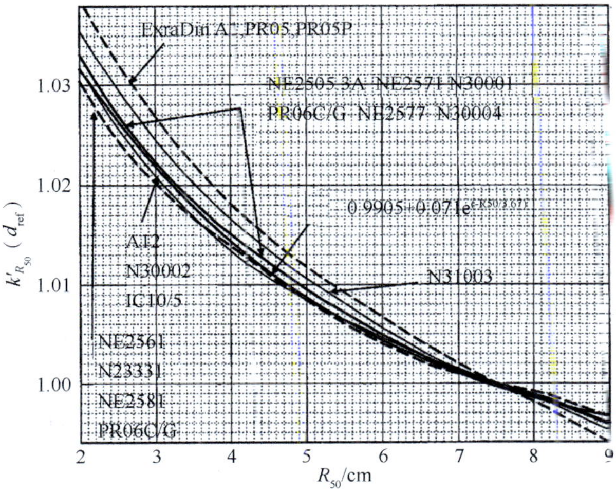


图 4.8　通用指（柱）形电离室不同能量下（$2 \leqslant R_{50} \leqslant 9$）的 $k'_{R_{50}}$ 参考图

**4. $k_{ecal}$ 值**　$k_{ecal}$ 值是 TG-51 根据文献（Rogers，1998）中采用射束质能量（$Q_{ecal}$）为 $R_{50}$=7.5cm 的电子束计算而来。通用指（柱）形电离室的 $k_{ecal}$ 值见表 4.5。表 4.6 为德国 PTW-Freiburg 给出的有关 PTW 电离室的一些 $k_{ecal}$ 值，作为 TG-51 报告的补充。

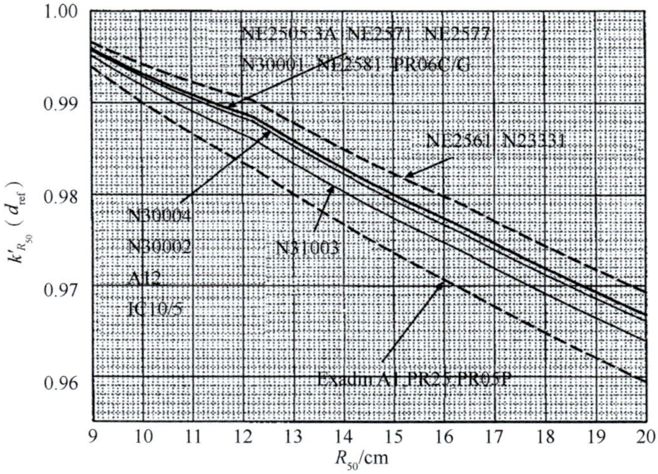


图 4.9 通用指（柱）形电离室不同能量下（$9 \leqslant R_{50} \leqslant 20$）的 $k'_{R_{50}}$ 参考图

**表 4.5 通用指（柱）形电离室的 $k_{ecal}$ 值表**

| 电离室 | $k_{ecal}$ | 室壁 | | 空腔半径 /cm | 铝电极直径 /mm |
|---|---|---|---|---|---|
| | | 材料 | 厚度 /（$g/cm^2$） | | |
| Farmer 型电离室 | | | | | |
| Exradin A12 | 0.906 | C-552 | 0.088 | 0.305 | |
| NE2505/3,3A | 0.903 | Graphite | 0.065 | 0.315 | 1.0 |
| NE2561[a] | 0.904 | Graphite | 0.090 | 0.370[e] | 1.0 |
| NE2571 | 0.903 | Graphite | 0.065 | 0.315 | 1.0 |
| NE2577 | 0.903 | Graphite | 0.065 | 0.315 | 1.0 |
| NE2581 | 0.885 | A-150 | 0.041 | 0.315 | |
| Capintec PR-06C/G | 0.900 | C-552 | 0.050 | 0.320 | |
| PTW N23331 | 0.896 | Graphite | 0.012 | 0.395[e] | 1.0 |
| | | PMMA | 0.048 | | |
| PTW N30001[b] | 0.897 | Graphite | 0.012 | 0.305 | 1.0 |
| | | PMMA | 0.033 | | |
| PTW N30002 | 0.900 | Graphite | 0.079 | 0.305 | |
| PTW N30004 | 0.905 | Graphite | 0.079 | 0.305 | 1.0 |
| PTW N31003[c] | 0.898 | Graphite | 0.012 | 0.275 | 1.0[f] |
| | | PMMA | 0.066 | | |
| 其他圆柱型电离室 | | | | | |
| Exradin AI[d] | 0.915 | C-552 | 0.176 | 0.200 | |

续表

| 电离室 | $k_{ecal}$ | 室壁 | | 空腔半径 /cm | 铝电极直径 /mm |
|---|---|---|---|---|---|
| | | 材料 | 厚度 / (g/cm²) | | |
| Capintec PR-05/PR-05P | 0.916 | C-552 | 0.210 | 0.200 | |
| Wellhöfer IC- 10/IC-5 | 0.904 | C-552 | 0.070 | 0.300 | |

a. NE2611 已取代等效的 NE2561。
b. PTW N30001 等同于被它取代的 PTW N23333。
c. PTW N31003 等同于被它取代的 PTW N233641。
d. 这里的 Exradin AI 的空腔半径是 0.200cm，尽管过去其已经被指定了另一个空腔半径大小。
e. 在电子束中，只有空腔半径达到 0.35cm 的数据，因此使用 0.35cm 而不是此处显示的实际空腔半径。
f. 电极直径实际上是 1.5mm，但只有 1.0mm 的数据可用。

**表 4.6　PTW 系列 $k_{ecal}$ 值表**

| 电离室类型 | $k_{ecal}$ 值 | 电离室类型 | $k_{ecal}$ 值 |
|---|---|---|---|
| PTW 34001 Roos | 0.901 | PTW 30006/30013 Farmer | 0.896 |
| PTW 34045 Advanced Markus | 0.905 | PTW 31003/31013 0.3 cm³ Flexible | 0.898 |
| PTW 23343 Markus | 0.905 | PTW 31002/31010 0.125 cm³ Flexible | 0.898 |
| PTW 30001/30010 Farmer | 0.897 | PTW 23331 1.0 cm³ Rigid | 0.896 |
| PTW 30002/30011 Farmer | 0.900 | PTW 23332/30016 0.3 cm³ Rigid | 0.898 |
| PTW 30004/30012 Farmer | 0.905 | | |

**5. $N_{D,w}^{^{60}Co}$ 值**　$N_{D,w}^{^{60}Co}$ 值是指特定的电离室与静电计在国家一级或二级标定实验室里，用 $^{60}$Co 在水中特定深度下照射时实际值与测量值的吸收比值，通常在国家一级或二级标准实验室里给出，物理师也可以用经验公式计算而得到，详见本章第一节中的介绍。

得到以上 5 个数据后，我们就可以根据公式计算得到射束在水中测量点处的剂量。值得一提的是，我们标定的要求是：在最大点处、特定野大小下，1MU=1cGy。因此，我们在得到测量点处的吸收剂量时，最后务必要用百分深度剂量把测量点处的剂量转换到最大点处的剂量。最终确认在最大点处，当机器输入 100MU 时，得到的吸收剂量是不是 100cGy。

### （二）平板电离室标定

**1. $M$ 值**　获取 $M$ 值的方式与指（柱）形电离室获取方式一样，这里不再重复叙述，按照上文所述方式分别获取 $P_{ion}$、$P_{TP}$、$P_{elec}$、$P_{pol}$、$M_{raw}$ 值即可得到 $M$ 值。值得注意的是：平板电离室在摆到参考点处时，是用其有效测量面的前内表面中点。

**2. $P_{gr}^{Q}$ 值**　平板电离室 $P_{gr}^{Q}$=1。这是跟平板电离室在摆到参考点处时，是用其有效测量面的前内表面中点有关。

**3. $k'_{R_{50}}$ 值**　同指（柱）形电离室一样，平板电离室的 $k'_{R_{50}}$ 值也通常是关于 $R_{50}$ 的

函数值，TG-51 里也给出了一张不同平板电离室的在参考深度 $d_{ref}$ 下，测量标定能量接近 21MeV 的电子束时（2cm ≤ $R_{50}$ ≤ 9cm）的 $k'_{R_{50}}$ 图，如图 4.10 所示。当能量更高（9cm ≤ $R_{50}$ ≤ 20cm）时，可参考图 4.11。在电子束能量为 2cm ≤ $R_{50}$ ≤ 20cm 范围内，也可用下面的表达式来计算 $k'_{R_{50}}$ 值。

$$k'_{R_{50}}=1.2239-0.145(R_{50})^{0.214}$$

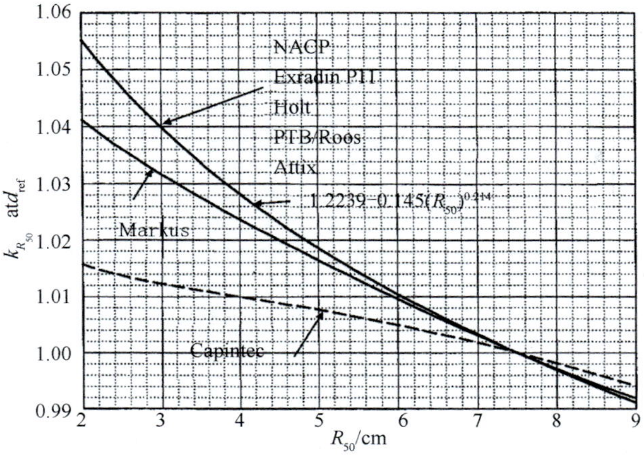


图 4.10 通用平板电离室不同能量下（2cm ≤ $R_{50}$ ≤ 9cm）的 $k'_{R_{50}}$ 参考图

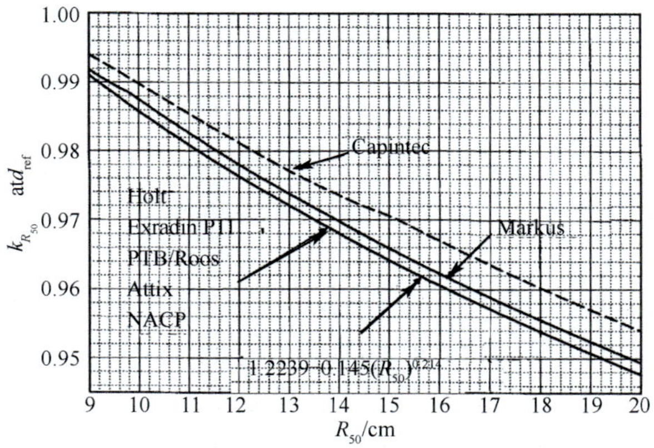


图 4.11 通用平板电离室不同能量下（9cm ≤ $R_{50}$ ≤ 20cm）的 $k'_{R_{50}}$ 参考图

**4. $k_{ecal}$ $N_{D,w}^{^{60}Co}$ 值** 鉴于平板电离室的 $k_{ecal}$ 值在 TG-51 里没有给出，加上一般不把平板电离室送到国家一级或二级标定实验室标定，而 $k_{ecal}$ $N_{D,w}^{^{60}Co}$ 值通常是不随电子束射束能量的变化而变化的，是一个定值，故 TG-51 借鉴 TG-21 和 TG-39 的建议，平板电离室的 $k_{ecal}$ $N_{D,w}^{^{60}Co}$ 值通过用平板电离室与指（柱）形电离室在高能量的电子束射束（$R_{50}$ > 4.3cm）下，在其参考深度下比对的方法获取。假定采用 12MeV 的电子束射束进行比对，首先用指（柱）形电离室在其参考深度下测量出 $(D_w)^{cyl}$，然后把指（柱）形电离室换成平板电离室，按照前面所述方法获取平板电离室的 $M$ 值和 $k'_{R_{50}}$ 值，如图 4.12 所示。

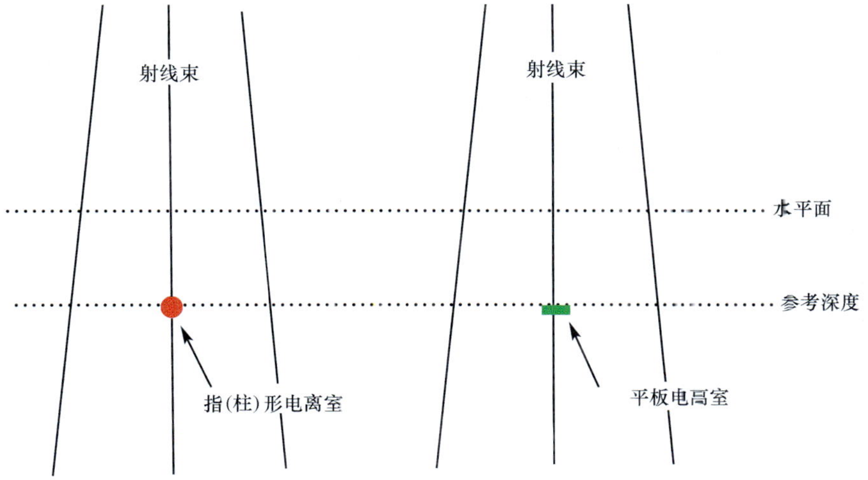


图 4.12　平板电离室与指（柱）形电离室比对测量示意图

根据公式

$$(k_{\text{ecal}}N_{\text{D,w}}^{^{60}\text{Co}})^{\text{pp}}=\frac{(D_{\text{w}})^{\text{cyl}}}{(Mk'_{R_{50}})^{\text{pp}}}=\frac{(MP_{\text{gr}}^{\text{Q}}k'_{R_{50}}k_{\text{ecal}}N_{\text{D,w}}^{^{60}\text{Co}})^{\text{cyl}}}{(Mk'_{R_{50}})^{\text{pp}}}(\text{Gy/C})$$

可以得到平板电离室的（$k_{\text{ecal}}\ N_{\text{D,w}}^{^{60}\text{Co}}$）值，从而解得平板电离室测量时，在参考深度处的吸收剂量 $(D_{\text{w}})^{\text{PP}}$，再根据百分深度剂量值反推到最大点处的剂量，根据输入的 MU 值和得到的吸收剂量值，来判断最大点处是否有 1MU=1cGy。

# 第四节　标定实例

本节将以 Varian（瓦里安）Trilogy 直线加速器为例，分别就其 6MV 线和 6MeV 及 12MeV 电子束的标定过程，进行详细标定过程的演示。

## 一、测量前的准备

### （一）水箱、电离室的准备

大家都知道 TG-51 需要在水中测量，因此与先前的测量方法不同的是，必须要用电离室直接浸在水中的一维或三维水箱进行，且电离室必须防水。本测试例用了 PTW T41025 一维手动水箱，电离室采用 PTW 的 TW30013 指形电离室和 PTW 的 T34001 平板电离室来测量。测量前，先备用 40L 左右的水，将其放置到加速器机房半小时以上，确保水温跟机房温度一致。准备高精度温度计、气压计各一支。

### （二）相关工作表格的预先制作

为了方便后续测量工作的顺利进行，非常有必要预先制定一些相关表格，由于有些测量数据涉及计算问题，这里建议使用 Excel 来制作。表格根据个人的爱好不同，可自行排列，如图 4.13、图 4.14 及图 4.15 所示。

| ××××××医院TG-51法加速器X射线标定 | | | | | | | | |
|---|---|---|---|---|---|---|---|---|
| 标定日期: | | | | 标定物理师: | | | | |
| 加速器型号: | | | | | | | | |
| 加速器能量: | | | | | | | | |
| 测量仪 | | | | | | | | |
| 电离室 | | | | $N_{D,w}$ | | | | |
| | | | | | | | | |
| 水下10cm，SSD=100，MU=100（能量： | | | | ） | | ） | | |
| 电离室电压 | | | $P_{ion}$ | | $P_{TP}$ | | | $P_{TP}$ |
| $V_H$ | 400V | | | | $T$ | | | |
| $V_L$ | 200V | | | | $P$ | | | |
| $M_H$ | | | | | | | | |
| $M_L$ | | | | | | | | |
| | | | | | | | | |
| $P_{elec}$ | 1 | | | | | | | |
| $P_{pol}$ | | | $P_{pol}$ | | | | | |
| $M^+$ | 400 | | | | | | | |
| $M^-$ | −400 | | | | | | | |
| $M$ | 400 | 0 | | | | | | |
| 能量 | %dd(10) | $\%dd(10)_x$ | $k_Q$ | $N_{D,w}$ | $P_{TP}$ | $P_{ion}$ | $P_{pol}$ | $P_{elec}$ |
| | | | | | | | | |
| | | | | | | | | |
| | | | | | | | | |
| 测量点剂量 | | | | | | | | |
| 转化到最大点剂量 | | | | | | | | |
| 最大点比值(点剂量/100MU) | | | | | | | | |
| 是否在允许范围: | | | | | | | | |

图 4.13 直线加速器 X 射线标定预制表格示意图

| ××××××医院TG-51法加速器电子线标定（指形电离室） | | | | | | | | |
|---|---|---|---|---|---|---|---|---|
| 标定日期 | | 标定物理师 | | | | | | |
| 加速器型号 | | | | | | | | |
| 加速器能量 | | | | | | | | |
| 限光筒大小 | | | | | | | | |
| $R_{50}$ | | $d_{ref}$/cm | | | $k'_{R_{50}}$ | | | |
| 测量仪 | | | | | | | | |
| 电离室 | | | | $N_{D,w}$ | | | | |
| $R_{cav}$/cm | | | | $K_{ecal}$ | | | | |
| $M_{(dref)}$ | | | | $M(d_{ref}+0.5R_{cav})$ | | | | |
| $P^Q_{gr}$ | | | | | | | | |
| | | | | | | | | |
| 电离室电压 | | | $P_{ion}$ | | $P_{TP}$ | | | $P_{TP}$ |
| $V_H$ | 400V | | | | $T$ | | | |
| $V_L$ | 200V | | | | $P$ | | | |
| $M_H$ | | | | | | | | |
| $M_L$ | | | | | | | | |
| | | | | | | | | |

| | | | | | | | | |
|---|---|---|---|---|---|---|---|---|
| $P_{\text{elec}}$ | 1 | | | | | | | |
| $P_{\text{pol}}$ | | | $P_{\text{pol}}$ | | | | | |
| $M^+$ | 400 | | | | | | | |
| $M^-$ | −400 | | | | | | | |
| $M$ | 400 | | | | | | | |
| 测量点剂量 | | | | | | | | |
| 转化到最大点剂量 | | | | | | | | |
| 最大点比值(点剂量/100MU) | | | | | | | | |
| 是否在允许范围 | | | | | | | | |

图 4.14　直线加速器电子束标定（指形电离室）预制表格示意图

| | | | | | | | | |
|---|---|---|---|---|---|---|---|---|
| ××××××医院TG-51法加速器电子线标定（平板电离室） | | | | | | | | |
| 标定日期 | | 标定物理师 | | | | | | |
| 加速器型号 | | | | | | | | |
| 加速器能量 | | | | | | | | |
| 限光筒大小 | | | | | | | | |
| $R_{50}$/cm | | $d_{\text{ref}}$/cm | | | $k'_{R_{50}}$ | | | |
| 测量仪 | | | | | | | | |
| 电离室 | | | | | | | | |
| $k_{\text{ecal}}N_{\text{D.w}}$ | | | | $P_{\text{gr}}^{\text{Q}}$ | 1 | | | |
| | | | | | | | | |
| | | | | | | | | |
| 电离室电压 | | | $P_{\text{ion}}$ | | $P_{\text{TP}}$ | | | $P_{\text{TP}}$ |
| $V_{\text{H}}$ | 400V | | | | $T$ | | | |
| $V_{\text{L}}$ | 200V | | | | $P$ | | | |
| $M_{\text{H}}$ | | | | | | | | |
| $M_{\text{L}}$ | | | | | | | | |
| $P_{\text{elec}}$ | 1 | | | | | | | |
| $P_{\text{pol}}$ | | | $P_{\text{pol}}$ | | | | | |
| $M^+$ | 400 | | | | | | | |
| $M^-$ | −400 | | | | | | | |
| $M$ | 400 | | | | | | | |
| 测量点剂量 | | | | | | | | |
| 转化到最大点剂量 | | | | | | | | |
| 最大点比值(点剂量/100MU) | | | | | | | | |
| 是否在允许范围 | | | | | | | | |

图 4.15　直线加速器电子束标定（平板电离室）预制表格示意图

## （三）相关已知因子的提前获取

在图 4.13～图 4.15 中，很多因子是不需要现场直接测量的，这些因子务必在测量之前从相关临床数据中得到，比如 %dd(10)、$\%dd(10)_x$、$R_{50}$、$R_{\text{cav}}$ 等参数。本测试列中通过查相关数据得到的已知的因子见表 4.7。

表 4.7　相关已知因子表

| 因子名称 | 因子数值 | 备注 |
|---|---|---|
| $N_{D,w}^{60Co}$ | 1.009 | 校准条件：$T$ 为 20℃，气压为 101.325kPa |
| %dd(10) | 0.6642 | X 射线，6MV 10cm×10cm |
| $R_{50}$(6MeV) | 2.40 cm | 15cm×15cm |
| $R_{50}$(12MeV) | 5.01 cm | 15cm×15cm |
| %dd(1.34) | 1 | 6MeV、15cm×15cm |
| %dd(2.91) | 99.91% | 12MeV、15cm×15cm |
| $R_{cav}$ | 3.05mm | PTW 30013 指形电离室 |

## 二、X 射线的标定实例

以标定 6MV 光子 X 射线为例，具体步骤如下。

（1）根据 %dd(10)，计数获得 $\%dd(10)_x$，流程图如图 4.16 所示。

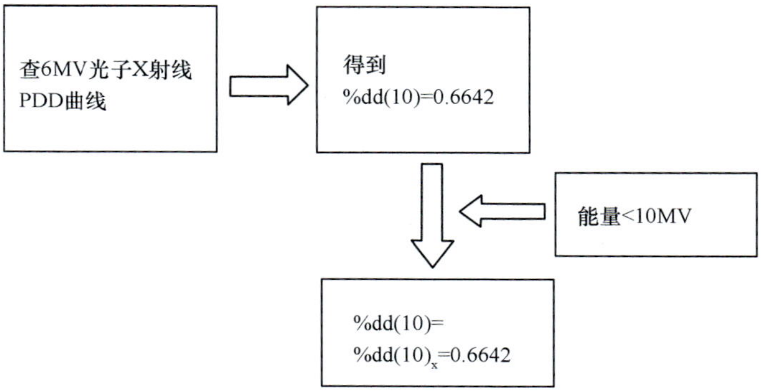


图 4.16　计算 $\%dd(10)_x$ 流程图

如果能量≥ 10MV，如标定 10MV 光子 X 射线，通常方便起见，直接用通用方程获取，铅皮法在这里不做演示，流程图如图 4.17 所示。

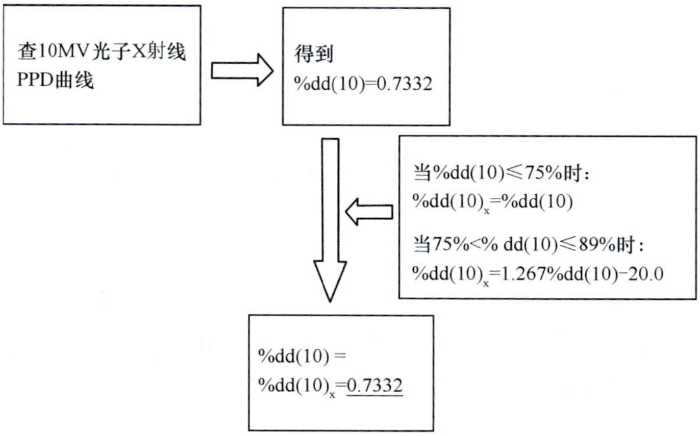


图 4.17　计算高能 X 射线 $\%dd(10)_x$ 流程图

（2）根据加速器的射束质指数 $\%dd(10)_x$，查表获得 $k_Q$（图 4.18）。

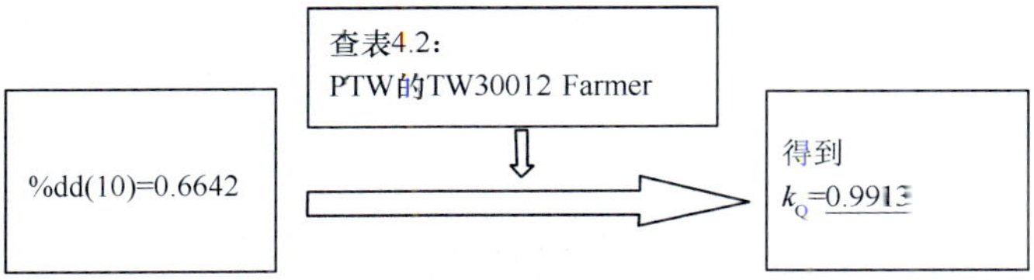


图 4.18 计算获取 $k_Q$ 流程图

（3）通过测量 $P_{ion}$、$P_{pol}$、$P_{TP}$ 值（$P_{elec}$=1），在参考条件下获取 $M_{raw}$ 值，计算 $M$ 值，见图 4.19。

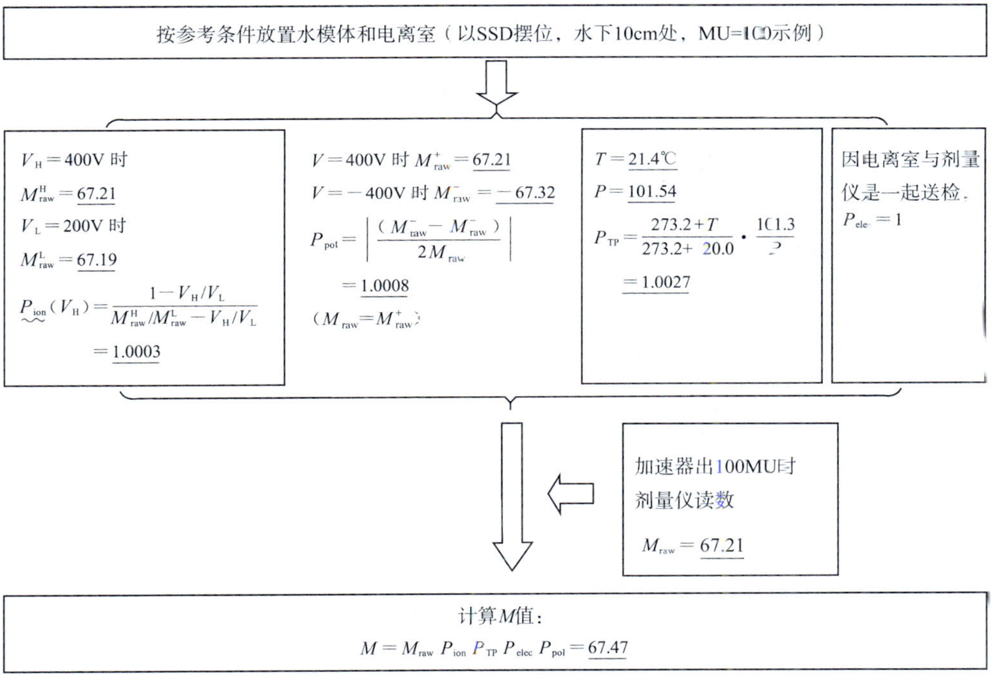


图 4.19 计算 $M$ 值流程图

（4）根据公式 $D_w^Q = Mk_Q N_{D,w}^{^{60}Co}$，得到参考深度下的 $D_w^Q$ 值，见图 4.20。

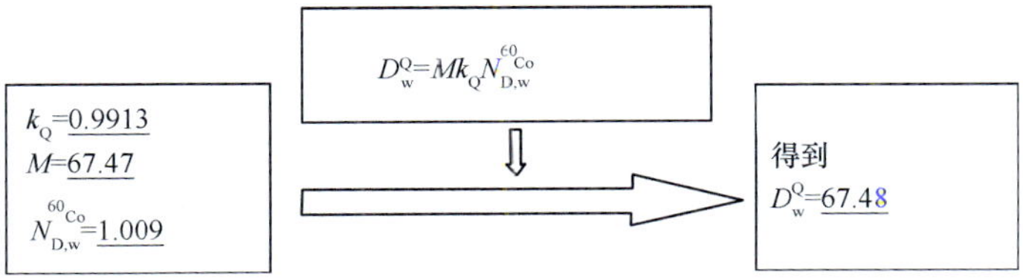


图 4.20 计算 $D_w^Q$ 值流程图

（5）因为算出的 $D_w^Q$ 是水下 10cm 处的吸收剂量，根据 %dd(10)=66.42%，反推得到最大点处的 $D_w^Q = D_{w(10)}^Q \div \%dd(10) = 67.48 \div (66.42\%) \approx 101.6$。

（6）比较输入 MU 值是否与最大点处的 $D_{w}^{Q}$ 值一致。输入的 MU 为 100，而得到的水总最大点的吸收剂量为 101.6，故有 (101.6–100)/100=1.6% 的误差。

（7）根据误差，判断是否需要调整。本测试得到的误差为 1.6%，小于 2%，故不予调整。调整方法参考后面章节。

## 三、电子束的标定实例

以标定 6MeV 及 12MeV 电子束为例，分别就 12MeV 的指形电离室标定及 6MeV 的平板电离室给予标定，电子束限光筒选用 15cm×15cm，具体步骤如下。

### （一）12MeV 的指形电离室标定

（1）测量深度的选择，流程如下图 4.21 所示。

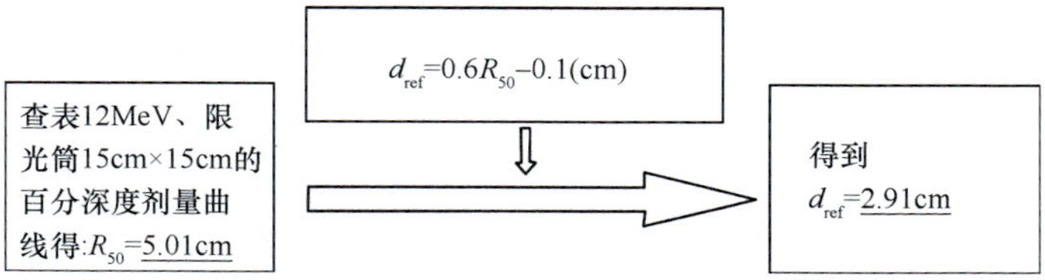


图 4.21　计算测量深度流程图

（2）$M$ 值的获取，方法与标定 X 射线类似，流程如图 4.22 所示。

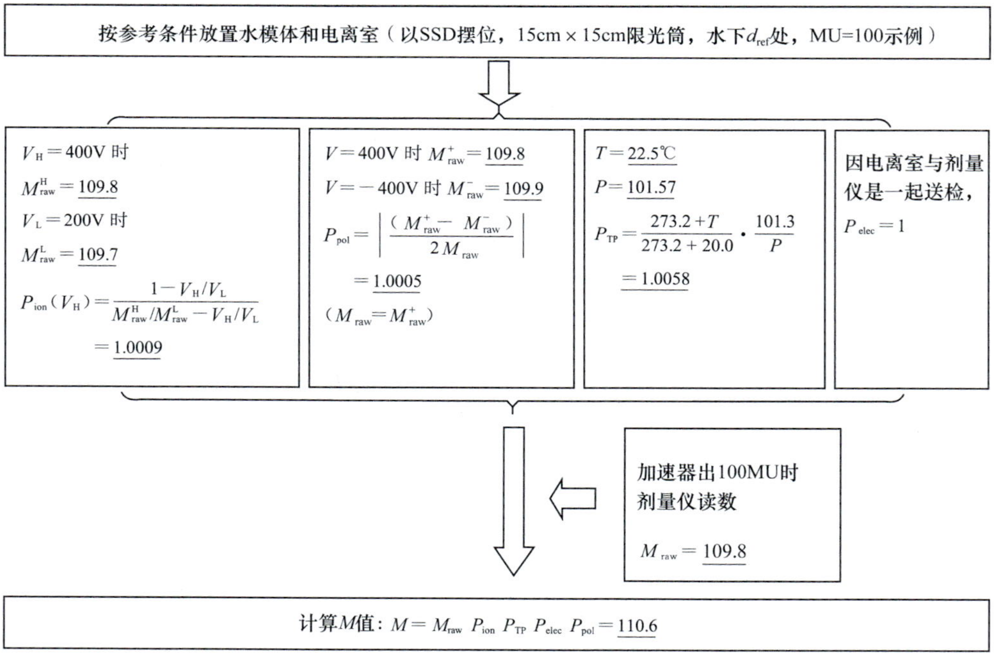


图 4.22　电子束计算 $M$ 值流程图

（3）$P_{gr}^{Q}$ 值的计算获取，见图 4.23。

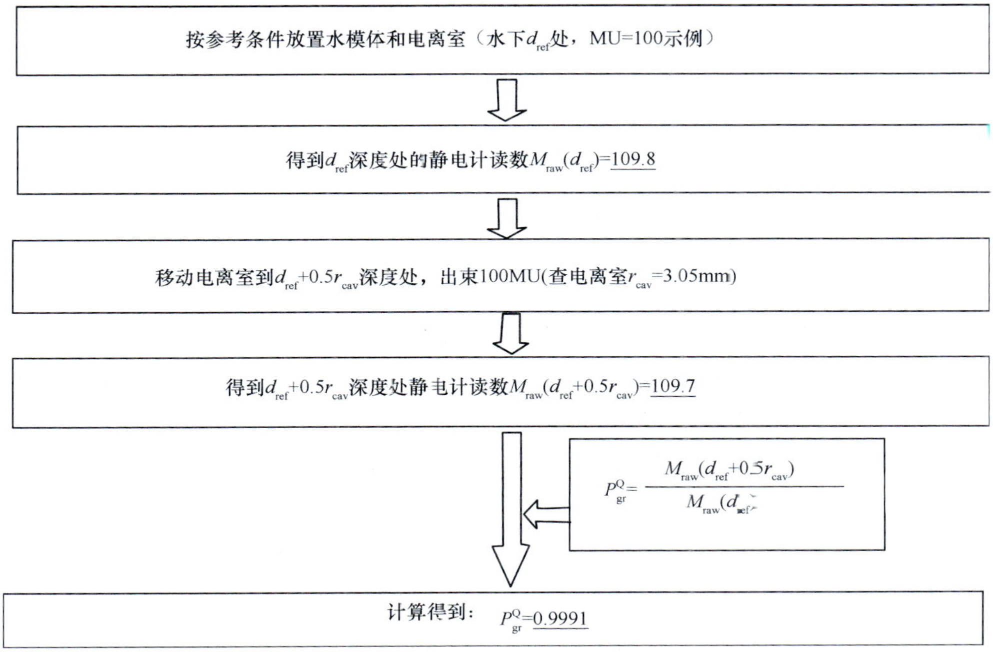


图 4.23 电子束计算 $P_{gr}^{Q}$ 值流程图

（4）$k'_{R_{50}}$ 值的获取，方便起见，直接用公式 $k'_{R_{50}}(\text{cyl})=0.9905+0.0710e^{-R_{50}/3.67}$，将 $R_{50}$=5.01cm 直接代入，得到 $k'_{R_{50}}(\text{cyl})=1.0086$。

（5）$k_{ecal}$ 值的获取，查德国 PTW Freiburg 给出的有关 PTW 电离室的一些 $k_{ecal}$ 值（表 4.6），得到 $k_{ecal}$=0.896（PTW 30013 Farmer）。

（6）根据公式 $D_{w}^{Q}=MP_{gr}^{Q}k'_{R_{50}}k_{ecal}N_{D,w}^{^{60}Co}$，求出 $D_{w}^{Q}$，见图 4.24。

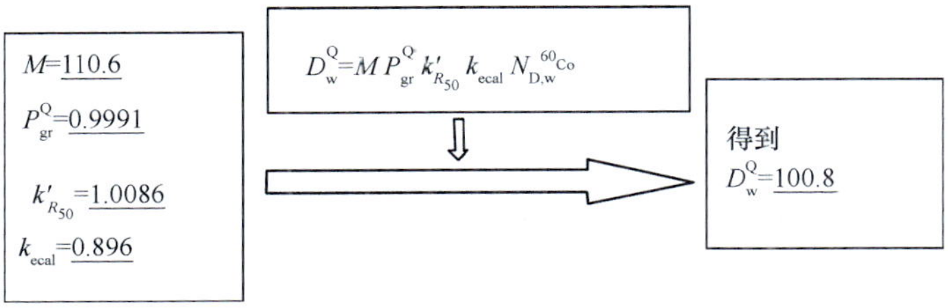


图 4.24 电子束计算指形电离室 $D_{w}^{Q}$ 流程图

（7）因为算出的 $D_{w}^{Q}$ 是水下 $d_{ref}$ 处的吸收剂量，根据 %dd(2.91)=99.91%，反推得到最大点处的 $D_{w}^{Q}=D_{w(2.91)}^{Q}$÷%dd(2.91)=100.8÷(99.91%)=100.9。

（8）比较输入 MU 值是否与最大点处的值一致。输入的 MU 为 100，而得到的水总最大点的吸收剂量为 100.9，故有 (100.9–100)/100=0.9% 的误差。

（9）根据误差，判断是否需要调整。本测试得到的误差为 0.9%，小于 2%，故不予调整。

## （二）6MeV 的平板电离室标定

（1）测量深度的选择，流程如图 4.25 所示。

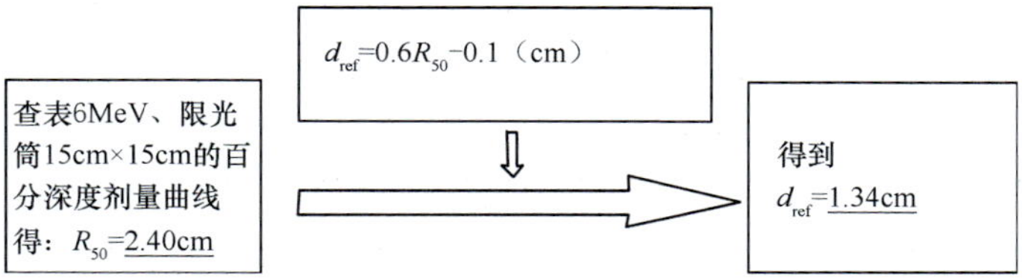


图 4.25 电子束计算平板电离室测量时的测量深度流程图

（2）$M$ 值的获取，方法与 12MeV 电子束类似，只不过要将平板电离室的前内表面放置到 $d_{ref}$=1.34cm 处，偏置电压为 200V（注意：通常电离室的使用电压为 400V，这里选用 200V，是因为我们选用的平板电离室为 Roos Chamber Type 34001，其正常工作电压为 200V），流程如图 4.26 所示。

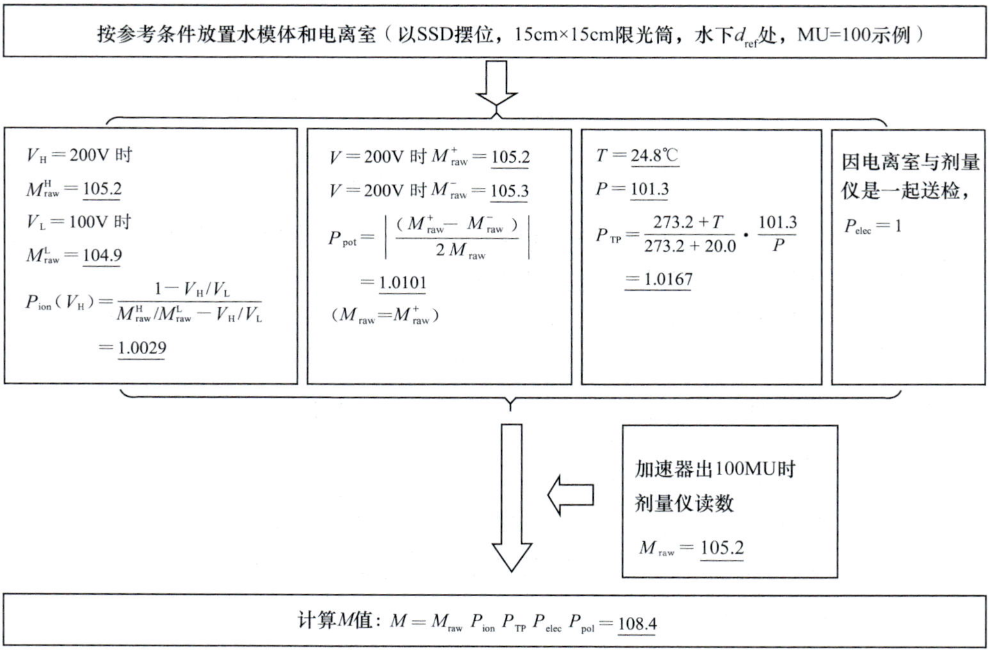


图 4.26 电子束平板电离室测量时 $M$ 值计算流程图

（3）$P^Q_{gr}$ 值的计算获取：平板电离室 $P^Q_{gr}$=1。

（4）$k'_{R_{50}}$ 值的获取：直接用公式 $k'_{R_{50}}$(pp)=1.2239−0.145$(R_{50})^{0.214}$，将 $R_{50}$=2.40cm 直接代入，得到 $k'_{R_{50}}$(pp)=1.0490。

（5）$k_{ecal}$ $N^{^{60}Co}_{D,w}$ 值需要通过比对获取。因为它是个定值，所以建议用高能量电子束来比对。本测试例用 12MeV 比对获得，流程如图 4.27 所示。

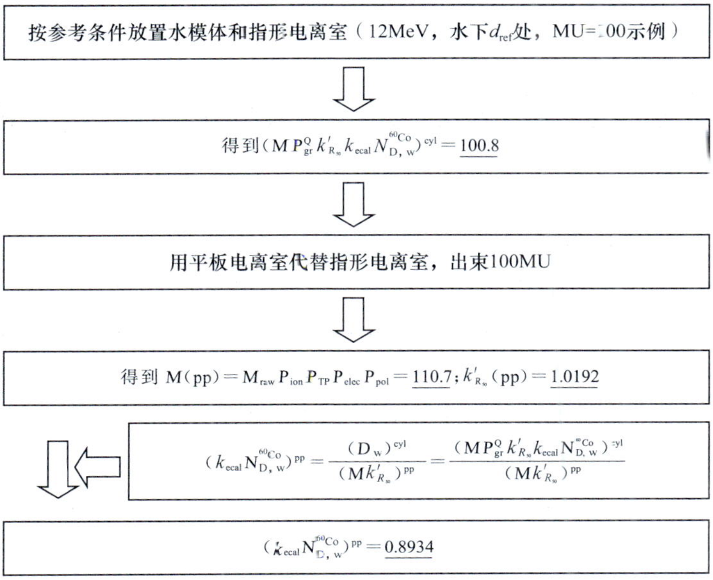


图 4.27　电子束比对法获取平板电离室相关因子流程图

（6）根据公式 $D_w^Q=MP_{gr}^Qk'_{R_{50}}k_{ecal}N_{D,w}^{^{60}Co}$，求出 $D_w^Q$，见图 4.28。

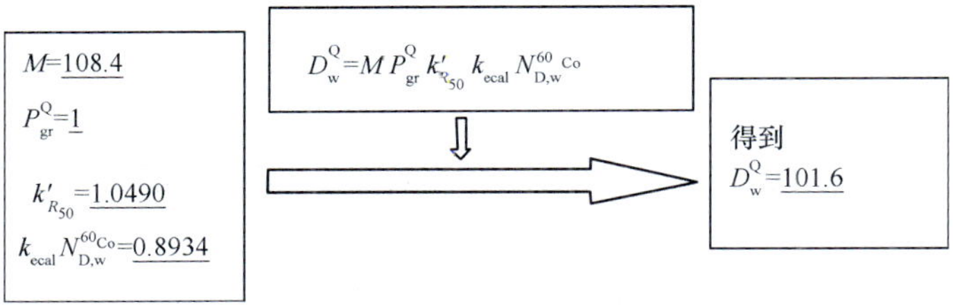


图 4.28　电子束平板电离室 $D_w^Q$ 值求解流程图

（7）因为算出的 $D_w^Q$ 是水下 $d_{ref}$ 处的吸收剂量，根据 %dd(1.34)=100%，反推得到最大点处的 $D_w^Q=D_{w(1.34)}^Q$÷%dd(1.34) =101.6÷(100%)=101.6。

（8）比较输入 MU 值是否与最大点处的值一致。输入的 MU 为 100，而得到的水总最大点的吸收剂量为 101.6，故有 (101.6–100)/100=1.6% 的误差。

（9）根据误差，判断是否需要调整。本测试得到的误差为 1.6%，小于 2%，故不予调整。

# 第五章　IAEA TRS-398 报告实践指南

IAEA TRS-398 报告是国际原子能机构（IAEA）在 2000 年发布的《外照吸收剂量的测定：基于水的标准吸收剂量的剂量测定的国际操作规范》（*Absorbed Dose Determination in External Beam Radiotherapy: An International Code of Practice for Dosimetry Based on Standards of Absorbed Dose to Water*）技术报告，该报告直接在水中校准电离室，减少了在空气中校准的不确定度，计算公式更加简便，也在一定程度上减少了校准的不确定度。是继美国医学物理学家协会（AAPM）在 1999 年发布的 TG-51 报告后又一个基于水校准的测量技术报告，目的是向美国以外的其他国家提供参考。与 TG-51 报告相比，TRS-398 报告在对一些参数的定义上有略微差别，但适用范围更广，除高能光子和电子束外，该报告同样适用于中低能 X 射线、伽马射线、质子以及重离子射线。本章只对放射治疗外照射用的高能光子束和电子束的校准进行说明，对其他能量或其他种类射线暂时不做描述。

## 第一节　相关参数定义

$D_{w,Q}$：水中参考深度处的吸收剂量，射束质为 $Q$。当射线为 $^{60}Co$ 时，$Q$ 可以省略。单位为 Gy。

$\overline{E_0}$，$\overline{E_z}$：电子束在模体表面和深度 $z$ 处的平均能量。单位为 MeV。

$K_{elec}$：静电计修正因子。

$K_{pol}$：电离室极化效应修正因子。

$k_{Q,Q_0}$：修正电离室在参考射线 $Q_0$ 中电离室的响应与实际使用的射线束 $Q$ 之间的差异。当参考射线束为钴 -60 伽马辐射时，可以省略下标 $Q_0$（即简化符号 $k_Q$ 始终对应于参考射束质钴 -60）。

$K_s$：复合效应修正因子，即由于离子复合导致的电离室收集电荷不完全的修正因子。

$K_{TP}$：温度气压修正因子。修正电离室在不同环境条件下，标准实验室规定的标准参考温度和气压与用户设施中电离室的温度和气压之间可能存在差异的影响。

$M_Q$：在射束质 $Q$ 条件下，除射束质外的所有影响量均校准后的剂量仪读数，单位为 C 或 rdg。

$N_{D,w,Q_0}$：剂量仪在参考射束质 $Q_0$ 条件下水中吸收剂量的校准因子。在参考深度处没有电离室的情况下，$M_{Q_0}$ 和 $N_{D,w,Q_0}$ 的乘积产生水中吸收剂量 $D_{w,Q_0}$。参考射束质为 $^{60}Co$ 伽马射线时，下标 $Q_0$ 可以省略（即 $N_{D,w}$ 始终对应 $^{60}Co$ 伽马射线水中吸收剂量的校准因子）。单位为 Gy/C 或 Gy/rdg。

$p_{cav}$：电离室空腔效应修正因子，主要是电子散射引起的介质中有无空腔时通量变化而引入的修正因子。

$p_{cel}$：在模体中测量高能光子束（包括 $^{60}$Co）、电子束和质子束时电离室中心极效应修正因子。此因子与 TRS-277 中的含义不同。TRS-277 报告中考虑中心极的整体效应，包括在空气中使用 $^{60}$Co 校准电离室和在模体中使用光子束和电子束测量。为了避免混淆，TRS-381 称 TRS-277 中使用的修正因子为 $p_{cel\text{-}gbl}$；$p_{cel}$ 只用于模体中测量时的修正。

PDD：百分深度剂量。

$P_{dis}$：当电离室的参考点位于电离室的中心时，考虑用探测器空腔替代水体积时所影响的修正因子，可以用电离室的有效测量点 $P_{eff}$ 替代。平行板电离室不需要使用此因子。

$P_{eff}$：电离室有效测量点。对于标准的校准形状，即从一个方向入射的辐射束，$P_{eff}$ 从中心位置向源移动的距离取决于射束和电离室的类型。对于平面平行电离室，通常假定 $P_{eff}$ 位于空腔前表面的几何中心。在 TRS-277 中，圆柱形电离室的有效测量点的概念适用于所有辐射类型，但在本报告中，它只适用于电子和重离子束。对于其他光束，参考剂量测定是基于电离室的参考点置于参考深度 $Z_{ref}$ 处来测量剂量的。每种辐射类型电离室的参考点是指定的。

$P_Q$：模体中测量射束质为 $Q$ 时电离室总扰动修正因子。它等于不同效应进行修正的各种修正因子的乘积。对每个小的扰动进行修正，包括 $P_{cav}$，$P_{cel}$，$P_{dis}$ 和 $P_{wall}$。

$P_{wall}$：室壁修正因子。修正电离室室壁和任何防水套材料的非介质等效性。

$R_{50}$：电子束水中半值深度，单位 g/cm$^2$，用来表示电子束射束质指数。

$R_p$：电子束、质子束、重离子束的实际射程。

SAD：源轴距，放射源到机架旋转轴或机器等中心的距离。

SCD：源室距，放射源到电离室中心的距离。

SSD：源皮距，放射源到模体表面照射野中心的距离。

$TPR_{20,10}$：射野为 10cm×10cm，源室距为 100cm 固定时，水下 20g/cm$^2$ 与 10g/cm$^2$ 的吸收剂量比，通常作为高能光子束的射束质指数。

$Z_{max}$：最大剂量深度（单位为 g/cm$^2$）。

$Z_{ref}$：在模体中测量时的参考深度（单位为 g/cm$^2$）。参考深度确定后，水中吸收剂量 $D_{w,Q}$ 指的是射束中心轴和参考深度处平面相交处的剂量。

## 第二节 加速器 X 射线剂量标定

### 一、公式概述

公式如下：

$$D_{w,Q}=M_Q N_{D,w,Q_0} k_{Q,Q_0}$$

能量适用范围：产生光子的电子束能量在1～50MeV之间。当参考射线为$^{60}Co$时，公式为$D_{w,Q}=M_Q N_{D,w} k_Q$。其中$D_{w,Q}$为模体参考深度的吸收剂量，$M_Q$为经温度气压、极化效应、复合效应、静电计等修正因子修正后的静电计读数，单位为C或rdg，国内一般为rdg。$N_{D,w}$为电离室在参考射线为$^{60}Co$时，水中吸收剂量校准因子，单位为Gy/C或Gy/rdg。$k_Q$为参考射线为$^{60}Co$时，电离室对不同射线能量相应的修正因子。$k_Q$最好由标定单位测量得到，因为同一型号不同电离室之间也会存在差异。若标定单位没有给出直接测量的$k_Q$，则可以在通用表格中查找该型号的电离室的$k_Q$值。$k_Q$值中包含了电离室空腔修正因子$P_{cav}$，室壁材料修正因子$P_{wall}$，有效测量点修正因子$P_{dis}$，电离室中心极效应修正因子$P_{cel}$。

## 二、电离室的选择

加速器X射线校准一般选用指形电离室，平板电离室一般不做绝对剂量校准使用，只用作相对剂量测量。常用的指形电离室有PTW30013、NE Farmer 2581等。电离室最好是防水的、指形电离室的中心是指电离室空腔体积的中心。

## 三、模体的选择

推荐使用水作为剂量标定模体，并要求水模体覆盖范围在测量深度处射野四周至少向外延伸5cm，最大测量深度后至少也有5cm。不推荐使用水等效模体作为绝对剂量校准，等效模体只能与水模体比对后做常规相对剂量的稳定性质控。

## 四、室腔效应

电离室空腔气体在水中的修正因子用$P_{cav}$表示，空腔还会引起参考等效深度的变化，用等效距离修正因子$P_{dis}$表示。对于指形电离室，在TRS-398报告中，对于光子、$^{60}Co$和质子，电离室的几何中心即为测量点，$P_{cav}$，$P_{dis}$已经包含在$k_Q$中，相当于电离室对不同射线响应因子再乘以$P_{cav}$和$P_{dis}$后才是$k_Q$，所以无须移动有效测量距离或者计算$P_{dis}$。对于电子束和重离子，TRS-398报告不建议将指形电离室几何中心摆在测量点，仍然按有效测量点摆放。电子束为$Z_{ref}+0.5r$，重离子为$Z_{ref}+0.75r$。

## 五、剂量仪读数影响量的修正

由于在标准实验室进行电离室校准时都是在标准参考条件下进行的，所以用户实际测量条件与标准条件不同时，需要对这些修正因子进行修正。这些修正因子包括温度气压修正因子$K_{TP}$，静电计修正因子$K_{elec}$，极化效应修正因子$K_{pol}$，复合效应修正因子$K_s$。这些因子中，只有$K_{TP}$需要实时计算，其他因子是固定值，只有当静电计电离室重新校准或者维修后需要重新测量。下面对这些修正因子进行描述。

### （一）温度气压修正因子 $K_{TP}$

电离室都是与外界相通的，室腔内的温度气压会随外界温度气压的变化而变化，修正公式：$K_{TP}=\dfrac{273.2+T}{273.2+T_0}\dfrac{P_0}{P}$。其中 $P$、$T$ 分别为测量时的气压（kPa）与温度（℃），$P_0$、$T_0$ 为标准条件（一般 $P_0$ 为 103.7kPa，$T_0$ 为 20℃）。例如，当测量气压为 102.5kPa，温度为 23℃时，$K_{TP}=\dfrac{273.2+23}{273.2+20}\times\dfrac{103.7}{102.5}=1.022$。

### （二）静电计修正因子 $K_{elec}$

当静电计与电离室分开校准时，标准实验室会各给一个修正因子，这个值非常接近于 1。如果静电计与电离室一起校准，则 $K_{elec}$=1，国内校准一般是静电计与电离室一起校准，所以 $K_{elec}$ 通常为 1。

### （三）极化效应修正因子 $K_{pol}$

电离室在电压极性相反时读数会有所变化，可以用以下公式来修正：$K_{pol}=\dfrac{|M_+|+|M_-|}{2M}$，其中 $M_+$，$M_-$ 为电压为正极和负极时静电计的读数，$M$ 为用户实际加压时的读数，要注意的是实际测量时静电计的放置应离开射野外 3～4m，最好是静电计放置在控制室内，电离室和静电计用延长线相连。注意用户实际使用的电压和极性应该与校准时相同。例如 +300V 时，静电计读数为 69.853，–300V 时静电计读数为 69.849，实际使用时用 +300V，所以 $K_{pol}$=(69.853+69.849)/(2×69.853)=0.99997。该值非常接近于 1，所以有单位直接用 1 来代替。

### （四）复合效应修正因子 $K_s$

电子在向电极运动时会有一部分与游离正离子发生复合，所以电离室不能完全收集电离室空腔中因射线照射而电离出的电子，称为复合效应，而且复合效应会随极化电压的变化而有所变化。现在加速器产生的一般都是脉冲辐射，脉冲辐射场中复合效应采用双电压法进行测量，公式为 $K_s=a_0+a_1\dfrac{M_1}{M_2}+a_2\left(\dfrac{M_1}{M_2}\right)^2$，其中，$M_1$，$M_2$ 为电压为 $V_1$ 和 $V_2$ 时静电计的读数，一般要求 $V_1/V_2\geqslant 3$，但临床上比值为 2 也是允许的，因为偏差较小。$a_0$、$a_1$、$a_2$ 为常数，可以通过查第三章表 3.2 得到。例如，电压为 100V 时静电计读数为 69.823，电压 300V 时静电计读数为 69.853，$K_s=1.198-0.875\times\dfrac{69.853}{69.823}+0.677\left(\dfrac{69.853}{69.823}\right)^2\approx 1.00021$。当 $K_s<1.03$ 时，

也可以用以下公式 $K_s=\dfrac{\dfrac{M_1}{M_2}-1}{\dfrac{V_1}{V_2}-1}+1$，与前面公式结果的偏差在0.1%以内。因为一般 $K_s$ 很接近于1，所以常规可以用该公式来计算。例如，读数同前，$K_s=\dfrac{\dfrac{69.853}{69.823}-1}{\dfrac{300}{100}-1}+1\approx1.00021$。该值非常接近于1，所以有单位直接用1来代替。

## 六、射束质的确定

与TG-51高能X射线射束质的确定用%dd(10)$_x$不同，TRS-398报告仍然与TRS-277报告一样，用 $TPR_{20,10}$ 来确定。由于加速器常规数据采集得到的是PDD数据，所以 $TPR_{20,10}$ 一般由 $PDD_{20,10}$ 计算得到，公式如下：

$$TPR_{20,10}=1.2661\ PDD_{20,10}-0.0595$$

例如，6MV $PDD_{20,10}=0.57$；$TPR_{20,10}=1.2661\times0.57-0.0595\approx0.662$。

## 七、$k_Q$ 的选择

$k_Q$ 为参考射线为 $^{60}$Co时，电离室对不同射线能量相应的修正因子。$k_Q$ 最好由标准实验室校准时给出，因为同一型号不同电离室之间也会存在差异。若标定单位没有给出直接测量的 $k_Q$，则可以在通用表格中查找该型号的电离室对应射线能量，计算 $k_Q$ 值。$k_Q$ 的计算公式为

$$k_{Q,Q_0}\approx\frac{(S_{w,air})_Q P_Q}{(S_{w,air})_{Q_0} P_{Q_0}}$$

其中，$Q_0$ 一般为 $^{60}$Co；$S_{w,a}$ 为水和空气阻止本领比；$P_Q$ 为总扰动修正因子，包括电离室空腔修正因子 $P_{cav}$，室壁材料修正因子 $P_{wall}$、有效测量点修正因子 $P_{dis}$、电离室中心极效应修正因子 $P_{cel}$，所以 $k_Q$ 值中已经包含了 $P_{cav}$，$P_{wall}$，$P_{dis}$，$P_{cel}$。表5.1为常见电离室与对应射线能量（用 $TPR_{20,10}$ 表示）的 $k_Q$ 值。图5.1为部分电离室随光子射束质变化的 $k_Q$ 值图示。

例如：上述6 MV，$TPR_{20,10}$ 为0.662，电离室为PTW30013，先从表5.1中找到对应的电离室（表中圈出部分），然后找到射束质0.662对应的区间，再进行线性插值，计算出0.662对应的 $k_Q$ 值。所以PTW30013，6MV对应的 $k_Q$ 为0.9924。

表 5.1 常见电离室与对应射线能量的 $k_Q$ 值

| 电离室类型 | 射束质 $TPR_{20,10}$ | | | | | | | | | | | | | | |
|---|---|---|---|---|---|---|---|---|---|---|---|---|---|---|---|
| | 0.50 | 0.53 | 0.56 | 0.59 | 0.62 | 0.65 | 0.68 | 0.70 | 0.72 | 0.74 | 0.76 | 0.78 | 0.80 | 0.82 | 0.84 |
| Capintec PR-05P mini | 1.004 | 1.003 | 1.002 | 1.001 | 1.000 | 0.998 | 0.996 | 0.994 | 0.991 | 0.987 | 0.983 | 0.975 | 0.968 | 0.960 | 0.949 |
| Capintec PR-05 mini | 1.004 | 1.003 | 1.002 | 1.001 | 1.000 | 0.998 | 0.996 | 0.994 | 0.991 | 0.987 | 0.983 | 0.975 | 0.968 | 0.960 | 0.949 |
| Capintec PR-06C/G Farmer | 1.001 | 1.001 | 1.000 | 0.998 | 0.998 | 0.995 | 0.992 | 0.990 | 0.988 | 0.984 | 0.980 | 0.972 | 0.965 | 0.956 | 0.944 |
| Exradin A2 Spokas | 1.001 | 1.001 | 1.001 | 1.000 | 0.999 | 0.997 | 0.996 | 0.994 | 0.992 | 0.989 | 0.986 | 0.979 | 0.971 | 0.962 | 0.949 |
| Exradin T2 Spokas | 1.002 | 1.001 | 0.999 | 0.996 | 0.993 | 0.988 | 0.984 | 0.980 | 0.977 | 0.973 | 0.969 | 0.962 | 0.954 | 0.946 | 0.934 |
| Exradin A1 mini Shonka | 1.002 | 1.002 | 1.001 | 1.000 | 1.000 | 0.998 | 0.996 | 0.994 | 0.991 | 0.986 | 0.982 | 0.974 | 0.966 | 0.957 | 0.945 |
| Exradin T1 mini Shonka | 1.003 | 1.001 | 0.999 | 0.996 | 0.993 | 0.988 | 0.984 | 0.980 | 0.975 | 0.970 | 0.965 | 0.957 | 0.949 | 0.942 | 0.930 |
| Exradin A12 Farmer | 1.001 | 1.001 | 1.000 | 1.000 | 0.999 | 0.997 | 0.994 | 0.992 | 0.990 | 0.986 | 0.981 | 0.974 | 0.966 | 0.957 | 0.944 |
| Far West Tech IC-18 | 1.005 | 1.003 | 1.000 | 0.997 | 0.993 | 0.988 | 0.983 | 0.979 | 0.976 | 0.971 | 0.966 | 0.959 | 0.953 | 0.945 | 0.934 |
| FZH TK01 | 1.002 | 1.001 | 1.000 | 0.998 | 0.996 | 0.993 | 0.990 | 0.987 | 0.984 | 0.980 | 0.975 | 0.968 | 0.960 | 0.952 | 0.939 |
| Nuclear Assoc 30-750 | 1.001 | 1.001 | 1.000 | 0.999 | 0.998 | 0.996 | 0.994 | 0.991 | 0.988 | 0.984 | 0.979 | 0.971 | 0.963 | 0.954 | 0.941 |
| Nuclear Assoc 30-749 | 1.001 | 1.000 | 1.000 | 0.999 | 0.998 | 0.996 | 0.994 | 0.992 | 0.989 | 0.984 | 0.980 | 0.972 | 0.964 | 0.956 | 0.942 |
| Nuclear Assoc 30-744 | 1.001 | 1.000 | 1.000 | 0.999 | 0.998 | 0.996 | 0.994 | 0.992 | 0.989 | 0.984 | 0.980 | 0.972 | 0.964 | 0.956 | 0.942 |
| Nuclear Assoc 30-716 | 1.001 | 1.000 | 1.000 | 0.999 | 0.998 | 0.996 | 0.994 | 0.992 | 0.989 | 0.984 | 0.980 | 0.972 | 0.964 | 0.956 | 0.942 |
| Nuclear Assoc 30-753 Farmer shortened | 1.001 | 1.000 | 1.000 | 0.999 | 0.998 | 0.996 | 0.994 | 0.992 | 0.989 | 0.985 | 0.980 | 0.973 | 0.965 | 0.956 | 0.943 |
| Nuclear Assoc 30-751 Farmer | 1.002 | 1.002 | 1.000 | 0.999 | 0.997 | 0.994 | 0.991 | 0.989 | 0.985 | 0.981 | 0.977 | 0.969 | 0.961 | 0.953 | 0.940 |
| Nuclear Assoc 30-752 Farmer | 1.004 | 1.003 | 1.001 | 1.000 | 0.998 | 0.996 | 0.993 | 0.991 | 0.989 | 0.985 | 0.981 | 0.974 | 0.967 | 0.959 | 0.947 |
| NE2515 | 1.001 | 1.001 | 1.000 | 0.999 | 0.997 | 0.994 | 0.991 | 0.988 | 0.984 | 0.980 | 0.975 | 0.967 | 0.959 | 0.950 | 0.937 |
| NE 2515/3 | 1.005 | 1.004 | 1.002 | 1.000 | 0.998 | 0.995 | 0.993 | 0.991 | 0.989 | 0.986 | 0.982 | 0.975 | 0.969 | 0.961 | 0.949 |
| NE 2577 | 1.005 | 1.004 | 1.002 | 1.000 | 0.998 | 0.995 | 0.993 | 0.991 | 0.989 | 0.986 | 0.982 | 0.975 | 0.969 | 0.961 | 0.949 |
| NE 2505 Farmer | 1.001 | 1.001 | 1.000 | 0.999 | 0.997 | 0.994 | 0.991 | 0.988 | 0.984 | 0.980 | 0.975 | 0.967 | 0.959 | 0.950 | 0.937 |
| NE 2505/A Farmer | 1.005 | 1.003 | 1.001 | 0.997 | 0.995 | 0.990 | 0.985 | 0.982 | 0.978 | 0.974 | 0.969 | 0.962 | 0.955 | 0.947 | 0.936 |
| NE 2505/3,3A Farmer | 1.005 | 1.004 | 1.002 | 1.000 | 0.998 | 0.995 | 0.993 | 0.991 | 0.989 | 0.986 | 0.982 | 0.975 | 0.969 | 0.961 | 0.949 |
| NE 2505/3,3B Farmer | 1.006 | 1.004 | 1.001 | 0.999 | 0.996 | 0.991 | 0.987 | 0.984 | 0.980 | 0.976 | 0.971 | 0.964 | 0.957 | 0.950 | 0.938 |
| NE 2571 Farmer | 1.005 | 1.004 | 1.002 | 1.000 | 0.998 | 0.995 | 0.993 | 0.991 | 0.989 | 0.986 | 0.982 | 0.975 | 0.969 | 0.961 | 0.949 |
| NE 2581 Farmer | 1.005 | 1.003 | 1.001 | 0.998 | 0.995 | 0.991 | 0.986 | 0.983 | 0.980 | 0.975 | 0.970 | 0.963 | 0.956 | 0.949 | 0.937 |
| NE2561/2611 Sec Std | 1.006 | 1.004 | 1.001 | 0.999 | 0.998 | 0.994 | 0.992 | 0.990 | 0.988 | 0.985 | 0.982 | 0.975 | 0.969 | 0.961 | 0.949 |

续表

| 电离室类型 | 射束质 $TPR_{20,10}$ | | | | | | | | | | | | | | |
|---|---|---|---|---|---|---|---|---|---|---|---|---|---|---|---|
| | 0.50 | 0.53 | 0.56 | 0.59 | 0.62 | 0.65 | 0.68 | 0.70 | 0.72 | 0.74 | 0.76 | 0.78 | 0.80 | 0.82 | 0.84 |
| PTW 23323 micro | 1.003 | 1.003 | 1.000 | 0.999 | 0.997 | 0.993 | 0.990 | 0.987 | 0.984 | 0.980 | 0.975 | 0.967 | 0.960 | 0.953 | 0.941 |
| PTW 23331 rigid | 1.004 | 1.003 | 1.000 | 0.999 | 0.997 | 0.993 | 0.990 | 0.988 | 0.985 | 0.982 | 0.978 | 0.971 | 0.964 | 0.956 | 0.945 |
| PTW 23332 rigid | 1.004 | 1.003 | 1.001 | 0.999 | 0.997 | 0.994 | 0.990 | 0.988 | 0.984 | 0.980 | 0.976 | 0.968 | 0.961 | 0.954 | 0.943 |
| PTW 23333 | 1.004 | 1.003 | 1.001 | 0.999 | 0.997 | 0.994 | 0.990 | 0.988 | 0.985 | 0.981 | 0.976 | 0.969 | 0.963 | 0.955 | 0.943 |
| PTW 30001/30010 Farmer | 1.004 | 1.003 | 1.001 | 0.999 | 0.997 | 0.994 | 0.990 | 0.988 | 0.985 | 0.981 | 0.976 | 0.969 | 0.962 | 0.955 | 0.943 |
| PTW 30002/30011 Farmer | 1.006 | 1.004 | 1.001 | 0.999 | 0.997 | 0.994 | 0.992 | 0.990 | 0.987 | 0.984 | 0.980 | 0.973 | 0.967 | 0.959 | 0.948 |
| PTW 30004/30012 Farmer | 1.006 | 1.005 | 1.002 | 1.000 | 0.999 | 0.996 | 0.994 | 0.992 | 0.989 | 0.986 | 0.982 | 0.976 | 0.969 | 0.962 | 0.950 |
| PTW 30006/30013 Farmer | 1.002 | 1.002 | 1.000 | 0.999 | 0.997 | 0.994 | 0.990 | 0.988 | 0.984 | 0.980 | 0.975 | 0.968 | 0.960 | 0.952 | 0.940 |
| PTW 31002 flexible | 1.003 | 1.002 | 1.000 | 0.999 | 0.997 | 0.994 | 0.990 | 0.988 | 0.984 | 0.980 | 0.975 | 0.968 | 0.960 | 0.952 | 0.940 |
| PTW 31003 flexible | 1.003 | 1.002 | 1.000 | 0.999 | 0.997 | 0.994 | 0.990 | 0.988 | 0.984 | 0.980 | 0.975 | 0.968 | 0.960 | 0.952 | 0.940 |
| PTW 31006 PinPoint | 1.004 | 1.003 | 1.001 | 0.999 | 0.998 | 0.995 | 0.992 | 0.989 | 0.985 | 0.980 | 0.974 | 0.966 | 0.959 | 0.951 | 0.940 |
| PTW 31014 PinPoint | 1.004 | 1.003 | 1.001 | 0.999 | 0.998 | 0.995 | 0.992 | 0.989 | 0.985 | 0.980 | 0.975 | 0.967 | 0.959 | 0.952 | 0.941 |
| SNC 100700-0 Farmer | 1.005 | 1.004 | 1.001 | 0.999 | 0.998 | 0.995 | 0.992 | 0.989 | 0.986 | 0.981 | 0.976 | 0.969 | 0.962 | 0.954 | 0.943 |
| SNC 100700-1 Farmer | 1.007 | 1.006 | 1.003 | 1.001 | 0.999 | 0.997 | 0.995 | 0.993 | 0.990 | 0.986 | 0.983 | 0.976 | 0.969 | 0.961 | 0.951 |
| Victoreen Radocon III 550 | 1.005 | 1.004 | 1.001 | 0.998 | 0.996 | 0.993 | 0.989 | 0.986 | 0.983 | 0.979 | 0.975 | 0.968 | 0.961 | 0.954 | 0.943 |
| Victoreen Radocon II 555 | 1.005 | 1.003 | 1.000 | 0.997 | 0.995 | 0.990 | 0.986 | 0.983 | 0.979 | 0.975 | 0.970 | 0.963 | 0.956 | 0.949 | 0.938 |
| Victoreen 30-348 | 1.004 | 1.003 | 1.000 | 0.998 | 0.996 | 0.992 | 0.989 | 0.986 | 0.982 | 0.978 | 0.973 | 0.966 | 0.959 | 0.951 | 0.940 |
| Victoreen 30-351 | 1.004 | 1.002 | 1.000 | 0.998 | 0.996 | 0.992 | 0.989 | 0.986 | 0.983 | 0.979 | 0.974 | 0.967 | 0.960 | 0.952 | 0.941 |
| Victoreen 30-349 | 1.003 | 1.002 | 1.000 | 0.998 | 0.996 | 0.992 | 0.989 | 0.986 | 0.983 | 0.980 | 0.976 | 0.969 | 0.962 | 0.954 | 0.942 |
| Victoreen 30-361 | 1.004 | 1.003 | 1.000 | 0.998 | 0.996 | 0.992 | 0.989 | 0.986 | 0.983 | 0.979 | 0.974 | 0.967 | 0.960 | 0.953 | 0.942 |
| Scdx-Wellhöfer CC01 | 1.002 | 1.002 | 1.002 | 1.001 | 1.000 | 0.999 | 0.996 | 0.994 | 0.991 | 0.986 | 0.981 | 0.972 | 0.964 | 0.956 | 0.944 |
| Scdx-Wellhöfer CC04/IC04 | 1.001 | 1.001 | 1.001 | 1.000 | 0.999 | 0.997 | 0.995 | 0.992 | 0.989 | 0.984 | 0.979 | 0.970 | 0.962 | 0.953 | 0.941 |
| Scdx-Wellhöfer CC08/IC05/IC06 | 1.001 | 1.001 | 1.001 | 1.000 | 0.999 | 0.997 | 0.995 | 0.993 | 0.989 | 0.985 | 0.980 | 0.972 | 0.964 | 0.955 | 0.943 |
| Scdx-Wellhöfer CC13/IC10/IC15 | 1.001 | 1.001 | 1.001 | 1.000 | 0.999 | 0.997 | 0.995 | 0.993 | 0.989 | 0.985 | 0.980 | 0.972 | 0.964 | 0.955 | 0.943 |
| Scdx-Wellhöfer CC25/IC25 | 1.001 | 1.001 | 1.001 | 1.000 | 0.999 | 0.997 | 0.995 | 0.993 | 0.989 | 0.985 | 0.980 | 0.972 | 0.964 | 0.955 | 0.943 |
| Scdx-Wellhöfer FC23-C/IC28 Farmer shortened | 1.001 | 1.001 | 1.001 | 1.000 | 0.999 | 0.997 | 0.995 | 0.993 | 0.990 | 0.985 | 0.980 | 0.972 | 0.964 | 0.955 | 0.943 |
| Scdx-Wellhöfer FC65-P/IC69 Farmer | 1.003 | 1.002 | 1.001 | 0.999 | 0.998 | 0.995 | 0.993 | 0.990 | 0.986 | 0.981 | 0.976 | 0.968 | 0.960 | 0.952 | 0.940 |
| Scdx-Wellhöfer FC65-G/IC70 Farmer | 1.005 | 1.004 | 1.002 | 1.000 | 0.998 | 0.997 | 0.995 | 0.992 | 0.989 | 0.985 | 0.981 | 0.973 | 0.966 | 0.958 | 0.947 |

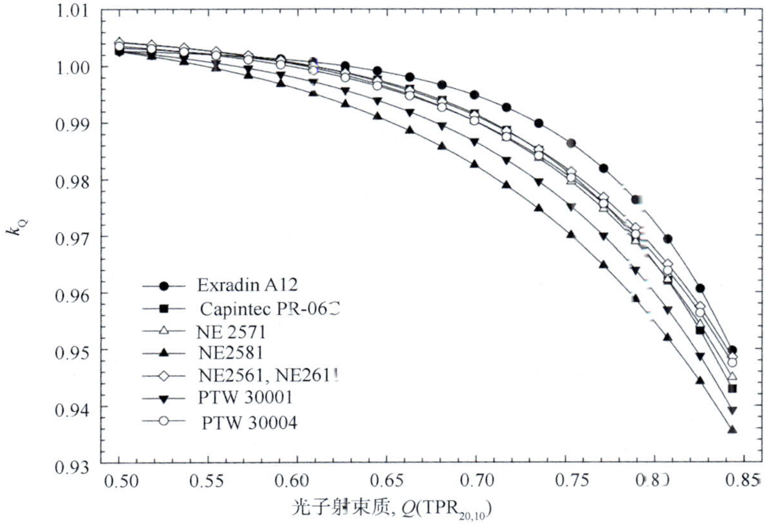


图 5.1 部分电离室的光子射束质与 $k_Q$ 的对应图示

## 八、标准测量参考条件

光子在水中绝对剂量的测量参考条件见表 5.2。

**表 5.2 光子在水中标准测量参考条件**

| 影响量 | 参考条件 |
|---|---|
| 介质 | 水 |
| 电离室类型 | 指形电离室 |
| 测量深度 | 当 $TPR_{20,10} < 0.7$ 时，测量深度为 10cm 或 5cm；当 $TPR_{20,10} \geq 0.7$ 时 测量深度为 10cm |
| 电离室参考点 | 电离室中心轴空腔中心 |
| 摆放位置 | 测量深度处 |
| SSD 或 SCD | 100cm |
| 射野大小 | 10cm×10cm |

因为有效测量点修正因子 $P_{dis}$ 已经包含在 $k_Q$ 中，所以摆位的时候只需将电离室空腔中心放置在测量深度即可，而不用考虑有效测量点位移。此时得出的吸收剂量是在参考条件下水下 5cm 或 10cm 处的水吸收剂量，临床上标定使用最大剂量点处的水吸收剂量，因此在 SSD 摆位时分别使用 PDD 数据或在 SAD 摆位时使用 TMR 数据将结果反推到最大剂量点处的剂量，使 1MU=1cGy。

# 第三节 加速器电子束剂量标定

## 一、公式概述

公式：$D_{w,Q}=M_Q N_{D,w,Q_0} k_{Q,Q_0}$，与光子测量的公式相同，同样当参考射线为 $^{60}Co$ 时，

公式为 $D_{w,Q}=M_Q N_{D,w} k_Q$。该公式的电子束能量适用范围为 3～50MeV。公式中参数的定义与光子束中相同。

## 二、射束质的表示

与 TG-51 相同，TRS-398 报告使用半值深度 $R_{50}$ 来表示电子束的射束质，TRS-277 报告中用的表面能量 $\overline{E_0}$ 其实也是通过 $R_{50}$ 计算得到的。这里的 $R_{50}$ 定义与 TG-51 相同，为吸收剂量曲线的半值深度，不是电离曲线的半值深度。$R_{50}$ 测量条件是 SSD=100cm，当 $R_{50} < 7\text{g/cm}^2$（$E < 16\text{MeV}$）时，限光筒选择 10cm×10cm；当 $R_{50} \geqslant 7\text{g/cm}^2$（$E \geqslant 16\text{MeV}$）时，限光筒选择 20cm×20cm 以上。有些加速器在高能量、大面积时可能存在内部的不均性，若面积小，反而因各种散射贡献，内部更加均匀，这种情况下也可以采用小于 20cm×20cm 的射野进行，但所采用的射野得到的 $R_{50}$ 与在 20cm×20cm 以上射野得到的 $R_{50}$ 差异必须在 $0.1\text{g/cm}^2$ 以内。使用电离室直接测量的是电离曲线的半值深度 $R_{50,ion}$，它与吸收剂量曲线的半值深度的关系是

$$R_{50}=1.029R_{50,ion}-0.06\ (\text{g/cm}^2),\quad R_{50,ion} \leqslant 10\text{g/cm}^2$$

$$R_{50}=1.059R_{50,ion}-0.37\ (\text{g/cm}^2),\quad R_{50,ion} \geqslant 10\text{g/cm}^2$$

值得注意的是：现在使用的三维水箱都有电离曲线转化为剂量吸收剂量曲线的功能模块，如果已转化为剂量吸收曲线，就可以直接使用其 $R_{50}$ 值，而不需再通过公式转化。

## 三、电离室的选择

与 TRS-277 报告和 TG-51 报告不同，TRS-398 报告推荐所有电子束能量的测量都使用平板电离室，而当 $R_{50} < 4\text{g/cm}^2$（$E < 10\text{MeV}$）时，必须使用平板电离室。当 $R_{50} \geqslant 4\text{g/cm}^2$（$E \geqslant 10\text{MeV}$）时，可以使用平板电离室或者指形电离室。平板电离室的有效测量点在入射窗内表面的中心，所以测量时只需将平板电离室内表面中心放置于测量点，而不用移动有效测量距离。常用的平板电离室有 PTW 的 Markus，Roos 和 IBA 的 NACP、PPC40。指形电离室的有效测量点不在空腔中心，所以在实际测量时，需要将电离室中心放置于比测量点深 $0.5r$ 的位置（$r$ 是指形电离室的空腔半径）。这与光子束测量时将电离室中心放在测量点不同，TRS-398 报告在测量电子束时还是推荐将指形电离室放置在有效测量深度。

## 四、限光筒的选择

TRS-398 报告中没有对标定的限光筒做特别的规定，一般为 10cm×10cm 或者用于电子束输出因子归一的两个限光筒中射野大的那个。目前国内还是习惯于用 10cm×10cm 限光筒来做所有能量的剂量标定，但对于能量大的电子束（≥ 16MeV），

还是推荐用 20cm×20cm 以上的限光筒来做标定，更为准确。

## 五、剂量仪读数影响量的修正

剂量仪读数影响量包括 $K_{TP}$，$K_{elec}$，$K_{pol}$，$K_s$，与光子束测量时一样，这里不再描述。

## 六、测量深度的选择

与 TG-51 报告一样，TRS-398 报告中电子束的测量深度是参考测量深度 $z_{ref}$，而不是 $z_{max}$，是在 $z_{ref}$ 处得到的剂量通过百分深度转化到 $z_{max}$ 处剂量，使得 $z_{max}$ 处的剂量为 1MU=1cGy。公式为：$z_{ref}$=0.6$R_{50}$–0.1 g/cm$^2$（cm）。当能量比较低时 $R_{50}$ ＜ 4g/cm$^2$（$E$ ＜ 10MeV），$z_{ref}$ 值通常就是 $z_{max}$，当 $R_{50}$ ≥ 4g/cm$^2$（$E$ ≥ 10MeV）时，$z_{ref}$ 就会大于 $z_{max}$，这时候就需要将 $z_{ref}$ 处得到的剂量通过百分深度转化到 $z_{max}$ 处剂量。对于平板电离室，电离室中心就摆在 $z_{ref}$ 处；对于指形电离室，电离室中心就要摆在比 $z_{ref}$ 深 0.5$r$ 的位置（$r$ 是指形电离室的空腔半径）。这与 TG-51 报告不同，TG-51 报告电离室中心还是摆在 $z_{ref}$ 处，然后通过 $P_{gr}^{Q}$ 因子换算到有效测量点深度处的剂量，即 $M_{raw}P_{gr}^{Q}$(TG-51)=$M_{raw}$(TRS-398)。

## 七、$k_Q$ 的选择

$k_Q$ 为参考射线为 $^{60}$Co 时电离室对不同射线能量相应的修正因子。对于电子束，平板电离室也可以使用某一电子束作为参考射线，从而得到该参考电子束下的 $k_{Q,Q_0}$ 值，这比平板电离室直接在 $^{60}$Co 下标定更为准确。推荐使用 $R_{50}$ ＞ 7g/cm$^2$（$\overline{E_0}$ ＞ 16MeV）的电子束作为参考射线。然后将在 $^{60}$Co 下校准过的指形电离室放在该电子束下 $z_{ref}$ 深 0.5$r$ 处，测量得到 $M_{Q_{cross}}^{ref}$；将平板电离室放置在 $z_{ref}$ 处测量得到 $M_{Q_{cross}}^{x}$；计算该平板电离室在该参考电子束下的 $N_{D,w,Q_{cross}}^{x}$，公式为

$$N_{D,w,Q_{cross}}^{x}=\frac{M_{Q_{cross}}^{ref}}{M_{Q_{cross}}^{x}}N_{D,w,Q_0}^{ref}k_{Q_{cross},Q_0}^{ref}$$

当 $Q_0$ 为 $^{60}$Co 时，一般 $Q_0$ 不再标注，公式化简为

$$N_{D,w,Q_{cross}}^{x}=\frac{M_{Q_{cross}}^{ref}}{M_{Q_{cross}}^{x}}N_{D,w}^{ref}k_{Q_{cross}}^{ref}$$

目前国家实验室中直接用 $^{60}$Co 下测量的 $k_Q$ 较多。在实验室中用 $^{60}$Co 标定 $N_{D,w}$ 情况下，不同型号的电离室与 $R_{50}$ 对应射线的 $k_Q$ 值见表 5.3。这里需要注意的是上述简化公式中的 $k_{Q_{cross}}^{ref}$ 值，如参考电离室 $N_{D,w}$ 值是在射束质为 $Q_0$ 电子束下得到时，$k_{Q_{cross}}^{ref}$ 值为 $k_{Q_{cross},Q_{int}}^{ref}/k_{Q_0,Q_{int}}^{ref}$，$k_{Q_{cross},Q_{int}}^{ref}$ 与 $k_{Q_0,Q_{int}}^{ref}$ 值可查表 5.4。另比对完后用平板的 $N_{D,w,Q_{cross}}^{x}$ 计算吸收剂量时，其 $k_Q$ 值应为 $k_Q/k_{Q_{cross}}$。故其计算公式为 $D_{w,Q}$=

表 5.3　不同型号的电离室与 $R_{50}$ 对应射线的 $k_Q$ 值

| 电离室类型 | 射束质 $R_{50}$/(g/cm$^2$) | | | | | | | | | | | | | | | | |
|---|---|---|---|---|---|---|---|---|---|---|---|---|---|---|---|---|---|
| | 1.0 | 1.4 | 2.0 | 2.5 | 3.0 | 3.5 | 4.0 | 4.5 | 5.0 | 5.5 | 6.0 | 7.0 | 8.0 | 10.0 | 13.0 | 16.0 | 20.0 |
| Attix RMI 449 | 0.953 | 0.943 | 0.932 | 0.925 | 0.919 | 0.913 | 0.908 | 0.904 | 0.900 | 0.896 | 0.893 | 0.886 | 0.881 | 0.871 | 0.859 | 0.849 | 0.837 |
| Capintec PS-033 | — | — | 0.921 | 0.920 | 0.919 | 0.918 | 0.917 | 0.916 | 0.915 | 0.913 | 0.912 | 0.908 | 0.905 | 0.898 | 0.887 | 0.877 | 0.866 |
| Exradin P11 | 0.958 | 0.948 | 0.937 | 0.930 | 0.923 | 0.918 | 0.913 | 0.908 | 0.904 | 0.901 | 0.897 | 0.891 | 0.885 | 0.875 | 0.863 | 0.853 | 0.841 |
| Holt (Memorial) | 0.971 | 0.961 | 0.950 | 0.942 | 0.936 | 0.931 | 0.926 | 0.921 | 0.917 | 0.913 | 0.910 | 0.903 | 0.897 | 0.887 | 0.875 | 0.865 | 0.853 |
| NACP/Calcam | 0.952 | 0.942 | 0.931 | 0.924 | 0.918 | 0.912 | 0.908 | 0.903 | 0.899 | 0.895 | 0.892 | 0.886 | 0.880 | 0.870 | 0.858 | 0.848 | 0.836 |
| Markus | — | — | 0.925 | 0.920 | 0.916 | 0.913 | 0.910 | 0.907 | 0.904 | 0.901 | 0.899 | 0.894 | 0.889 | 0.881 | 0.870 | 0.860 | 0.849 |
| Roos | 0.965 | 0.955 | 0.944 | 0.937 | 0.931 | 0.925 | 0.920 | 0.916 | 0.912 | 0.908 | 0.904 | 0.898 | 0.892 | 0.882 | 0.870 | 0.860 | 0.848 |
| *Cylindrical chambers* | | | | | | | | | | | | | | | | | |
| Capintec PR06C (Farmer) | — | — | — | — | — | — | 0.916 | 0.914 | 0.912 | 0.911 | 0.909 | 0.906 | 0.904 | 0.899 | 0.891 | 0.884 | 0.874 |
| Exradin A2 (Spokas) | — | — | — | — | — | — | 0.914 | 0.913 | 0.913 | 0.913 | 0.912 | 0.911 | 0.910 | 0.908 | 0.903 | 0.897 | 0.888 |
| Exradin T2 (Spokas) | — | — | — | — | — | — | 0.882 | 0.881 | 0.881 | 0.881 | 0.880 | 0.879 | 0.878 | 0.876 | 0.871 | 0.865 | 0.857 |
| Exradin A12 (Farmer) | — | — | — | — | — | — | 0.921 | 0.919 | 0.918 | 0.916 | 0.914 | 0.911 | 0.909 | 0.903 | 0.896 | 0.888 | 0.878 |
| NE 2571 (Guarded Farmer) | — | — | — | — | — | — | 0.918 | 0.916 | 0.915 | 0.913 | 0.911 | 0.909 | 0.906 | 0.901 | 0.893 | 0.886 | 0.876 |
| NE 2581 (Robust Farmer) | — | — | — | — | — | — | 0.899 | 0.898 | 0.896 | 0.894 | 0.893 | 0.890 | 0.888 | 0.882 | 0.875 | 0.868 | 0.859 |
| PTW 30001/30010 (Farmer) | — | — | — | — | — | — | 0.911 | 0.909 | 0.907 | 0.905 | 0.904 | 0.901 | 0.898 | 0.893 | 0.885 | 0.877 | 0.868 |
| PTW 30002/30011 (Farmer) | — | — | — | — | — | — | 0.916 | 0.914 | 0.912 | 0.910 | 0.909 | 0.906 | 0.903 | 0.897 | 0.890 | 0.882 | 0.873 |
| PTW 30004/30012 (Farmer) | — | — | — | — | — | — | 0.920 | 0.918 | 0.916 | 0.915 | 0.913 | 0.910 | 0.907 | 0.902 | 0.894 | 0.887 | 0.877 |
| PTW 30006/30013 Farmer | — | — | — | — | — | — | 0.911 | 0.909 | 0.907 | 0.906 | 0.904 | 0.901 | 0.898 | 0.893 | 0.885 | 0.878 | 0.868 |
| PTW 31002/31003 ( flexible) | — | — | — | — | — | — | 0.912 | 0.910 | 0.908 | 0.906 | 0.905 | 0.901 | 0.898 | 0.893 | 0.885 | 0.877 | 0.867 |
| PTW 31006 PinPoint | — | — | — | — | — | — | 0.928 | 0.924 | 0.921 | 0.918 | 0.915 | 0.910 | 0.905 | 0.896 | 0.885 | 0.876 | 0.865 |
| PTW 31014 PinPoint | — | — | — | — | — | — | 0.929 | 0.925 | 0.922 | 0.919 | 0.916 | 0.910 | 0.905 | 0.897 | 0.886 | 0.876 | 0.865 |
| Scdx-Wellhöfer CC01 | — | — | — | — | — | — | 0.942 | 0.938 | 0.935 | 0.932 | 0.929 | 0.923 | 0.918 | 0.909 | 0.898 | 0.889 | 0.878 |
| Scdx-Wellhöfer CC04/IC04 | — | — | — | — | — | — | 0.928 | 0.925 | 0.922 | 0.920 | 0.918 | 0.913 | 0.910 | 0.902 | 0.893 | 0.884 | 0.874 |

续表

| 电离室类型 | 射束质 $R_{50}$/(g/cm$^2$) | | | | | | | | | | | | | | | | |
|---|---|---|---|---|---|---|---|---|---|---|---|---|---|---|---|---|---|
| | 1.0 | 1.4 | 2.0 | 2.5 | 3.0 | 3.5 | 4.0 | 4.5 | 5.0 | 5.5 | 6.0 | 7.0 | 8.0 | 10.0 | 13.0 | 16.0 | 20.0 |
| Scdx-Wellhöfer CC08/IC05/IC06 | — | — | — | — | — | — | 0.920 | 0.918 | 0.917 | 0.915 | 0.913 | 0.910 | 0.907 | 0.902 | 0.894 | 0.886 | 0.877 |
| Scdx-Wellhöfer CC13/IC10/IC15 | — | — | — | — | — | — | 0.920 | 0.918 | 0.917 | 0.915 | 0.913 | 0.910 | 0.907 | 0.902 | 0.894 | 0.886 | 0.877 |
| Scdx-Wellhöfer CC25/IC25 | — | — | — | — | — | — | 0.920 | 0.918 | 0.917 | 0.915 | 0.913 | 0.910 | 0.907 | 0.902 | 0.894 | 0.886 | 0.877 |
| Scdx-Wellhöfer FC23-C/IC28 Farmer shortened | — | — | — | — | — | — | 0.920 | 0.918 | 0.916 | 0.914 | 0.913 | 0.910 | 0.907 | 0.902 | 0.894 | 0.886 | 0.877 |
| Scdx-Wellhöfer FC65-P/IC69 Farmer | — | — | — | — | — | — | 0.914 | 0.912 | 0.911 | 0.909 | 0.907 | 0.904 | 0.902 | 0.896 | 0.889 | 0.881 | 0.872 |
| Scdx-Wellhöfer FC65-G/IC70 Farmer | — | — | — | — | — | — | 0.920 | 0.918 | 0.916 | 0.914 | 0.913 | 0.910 | 0.907 | 0.902 | 0.894 | 0.887 | 0.877 |
| Victoreen 30-348 | — | — | — | — | — | — | 0.910 | 0.908 | 0.906 | 0.903 | 0.902 | 0.898 | 0.895 | 0.888 | 0.880 | 0.872 | 0.862 |
| Victoreen 30-351 | — | — | — | — | — | — | 0.906 | 0.904 | 0.902 | 0.901 | 0.899 | 0.896 | 0.893 | 0.888 | 0.880 | 0.873 | 0.864 |
| Victoreen 30-349 | — | — | — | — | — | — | 0.899 | 0.898 | 0.897 | 0.896 | 0.895 | 0.893 | 0.891 | 0.888 | 0.881 | 0.875 | 0.866 |

用参考电子束（$Q_{int}$=7.5g/cm$^2$）得到的 $k_{Q,Q_{int}}$ 值见表 5.4。

### 表 5.4 用参考电子束（$Q_{int}$=7.5g/cm$^2$）得到的 $k_{Q,Q_{int}}$ 值

| 电离室类型 | 射束质 $R_{50}$/(g/cm$^2$) | | | | | | | | | | | | | | | | |
|---|---|---|---|---|---|---|---|---|---|---|---|---|---|---|---|---|---|
| | 1.0 | 1.4 | 2.0 | 2.5 | 3.0 | 3.5 | 4.0 | 4.5 | 5.0 | 5.5 | 6.0 | 7.0 | 8.0 | 10.0 | 13.0 | 16.0 | 20.0 |
| Attix RMI 449 | 1.078 | 1.068 | 1.055 | 1.047 | 1.040 | 1.034 | 1.028 | 1.023 | 1.019 | 1.014 | 1.010 | 1.003 | 0.997 | 0.986 | 0.972 | 0.961 | 0.948 |
| Capintec PS-033 | — | — | 1.016 | 1.015 | 1.014 | 1.013 | 1.012 | 1.010 | 1.009 | 1.007 | 1.006 | 1.002 | 0.998 | 0.990 | 0.978 | 0.968 | 0.955 |
| Exradin P11 | 1.078 | 1.068 | 1.055 | 1.047 | 1.040 | 1.034 | 1.028 | 1.023 | 1.019 | 1.014 | 1.010 | 1.003 | 0.997 | 0.986 | 0.972 | 0.961 | 0.948 |
| Holt (Memorial) | 1.078 | 1.068 | 1.055 | 1.047 | 1.040 | 1.034 | 1.028 | 1.023 | 1.019 | 1.014 | 1.010 | 1.003 | 0.997 | 0.986 | 0.972 | 0.961 | 0.948 |
| NACP/Calcam | 1.078 | 1.068 | 1.055 | 1.047 | 1.040 | 1.034 | 1.028 | 1.023 | 1.019 | 1.014 | 1.010 | 1.003 | 0.997 | 0.986 | 0.972 | 0.961 | 0.948 |
| Markus | — | — | 1.038 | 1.032 | 1.028 | 1.024 | 1.020 | 1.017 | 1.014 | 1.011 | 1.008 | 1.003 | 0.997 | 0.988 | 0.976 | 0.965 | 0.952 |
| Roos | 1.078 | 1.068 | 1.055 | 1.047 | 1.040 | 1.034 | 1.028 | 1.023 | 1.019 | 1.014 | 1.010 | 1.003 | 0.997 | 0.986 | 0.972 | 0.961 | 0.948 |
| Capintec PR06C (Farmer) | — | — | — | — | — | — | 1.012 | 1.010 | 1.008 | 1.006 | 1.005 | 1.001 | 0.999 | 0.993 | 0.984 | 0.976 | 0.966 |

续表

| 电离室类型 | 射束质 $R_{50}$/(g/cm$^2$) | | | | | | | | | | | | | | | | |
|---|---|---|---|---|---|---|---|---|---|---|---|---|---|---|---|---|---|
| | 1.0 | 1.4 | 2.0 | 2.5 | 3.0 | 3.5 | 4.0 | 4.5 | 5.0 | 5.5 | 6.0 | 7.0 | 8.0 | 10.0 | 13.0 | 16.0 | 20.0 |
| Exradin A2 (Spokas) | — | — | — | — | — | — | 1.003 | 1.003 | 1.002 | 1.002 | 1.002 | 1.001 | 0.999 | 0.996 | 0.991 | 0.984 | 0.975 |
| Exradin T2 (Spokas) | — | — | — | — | — | — | 1.003 | 1.003 | 1.002 | 1.002 | 1.002 | 1.001 | 0.999 | 0.996 | 0.991 | 0.984 | 0.975 |
| Exradin A12 (Farmer) | — | — | — | — | — | — | 1.012 | 1.010 | 1.008 | 1.006 | 1.005 | 1.002 | 0.998 | 0.993 | 0.984 | 0.976 | 0.965 |
| NE 2571 (Guarded Farmer) | — | — | — | — | — | — | 1.012 | 1.010 | 1.008 | 1.006 | 1.005 | 1.001 | 0.999 | 0.993 | 0.984 | 0.976 | 0.966 |
| NE 2581 (Robust Farmer) | — | — | — | — | — | — | 1.012 | 1.010 | 1.008 | 1.006 | 1.005 | 1.001 | 0.999 | 0.993 | 0.984 | 0.976 | 0.966 |
| PTW 30001/30010 (Farmer) | — | — | — | — | — | — | 1.013 | 1.010 | 1.008 | 1.007 | 1.005 | 1.002 | 0.998 | 0.992 | 0.984 | 0.976 | 0.965 |
| PTW 30002/30011 (Farmer) | — | — | — | — | — | — | 1.013 | 1.010 | 1.008 | 1.007 | 1.005 | 1.002 | 0.998 | 0.992 | 0.984 | 0.976 | 0.965 |
| PTW 30004/30012 (Farmer) | — | — | — | — | — | — | 1.013 | 1.010 | 1.008 | 1.007 | 1.005 | 1.002 | 0.998 | 0.992 | 0.984 | 0.976 | 0.965 |
| PTW 30006/30013 Farmer | — | — | — | — | — | — | 1.013 | 1.010 | 1.008 | 1.007 | 1.005 | 1.002 | 0.998 | 0.992 | 0.984 | 0.976 | 0.965 |
| PTW 31002/31003 ( flexible) | — | — | — | — | — | — | 1.014 | 1.011 | 1.009 | 1.007 | 1.005 | 1.002 | 0.998 | 0.992 | 0.983 | 0.974 | 0.964 |
| PTW 31006 PinPoint | — | — | — | — | — | — | 1.023 | 1.019 | 1.015 | 1.012 | 1.009 | 1.003 | 0.997 | 0.988 | 0.976 | 0.965 | 0.953 |
| PTW 31014 PinPoint | — | — | — | — | — | — | 1.023 | 1.019 | 1.015 | 1.012 | 1.009 | 1.003 | 0.997 | 0.988 | 0.976 | 0.965 | 0.953 |
| Scdx-Wellhöfer CC01 | — | — | — | — | — | — | 1.023 | 1.019 | 1.015 | 1.012 | 1.009 | 1.003 | 0.997 | 0.988 | 0.976 | 0.965 | 0.953 |
| Scdx-Wellhöfer CC04/IC04 | — | — | — | — | — | — | 1.018 | 1.015 | 1.012 | 1.009 | 1.007 | 1.002 | 0.998 | 0.990 | 0.980 | 0.970 | 0.959 |
| Scdx-Wellhöfer CC08/IC05/IC06 | — | — | — | — | — | — | 1.013 | 1.011 | 1.009 | 1.007 | 1.005 | 1.002 | 0.998 | 0.992 | 0.984 | 0.975 | 0.965 |
| Scdx-Wellhöfer CC13/IC10/IC15 | — | — | — | — | — | — | 1.013 | 1.011 | 1.009 | 1.007 | 1.005 | 1.002 | 0.998 | 0.992 | 0.984 | 0.975 | 0.965 |
| Scdx-Wellhöfer CC25/IC25 | — | — | — | — | — | — | 1.013 | 1.011 | 1.009 | 1.007 | 1.005 | 1.002 | 0.998 | 0.992 | 0.984 | 0.975 | 0.965 |
| Scdx-Wellhöfer FC23-C/IC28 Farmer shortened | — | — | — | — | — | — | 1.012 | 1.010 | 1.008 | 1.006 | 1.005 | 1.002 | 0.998 | 0.993 | 0.984 | 0.976 | 0.965 |
| Scdx-Wellhöfer FC65-P/IC69 Farmer | — | — | — | — | — | — | 1.012 | 1.010 | 1.008 | 1.006 | 1.005 | 1.002 | 0.998 | 0.993 | 0.984 | 0.976 | 0.965 |
| Scdx-Wellhöfer FC65-G/IC70 Farmer | — | — | — | — | — | — | 1.012 | 1.010 | 1.008 | 1.006 | 1.005 | 1.002 | 0.998 | 0.993 | 0.984 | 0.976 | 0.965 |
| Victoreen 30-348 | — | — | — | — | — | — | 1.015 | 1.013 | 1.010 | 1.008 | 1.006 | 1.002 | 0.998 | 0.991 | 0.982 | 0.973 | 0.962 |
| Victoreen 30-351 | — | — | — | — | — | — | 1.013 | 1.010 | 1.008 | 1.007 | 1.005 | 1.002 | 0.998 | 0.992 | 0.984 | 0.976 | 0.965 |
| Victoreen 30-349 | — | — | — | — | — | — | 1.008 | 1.006 | 1.005 | 1.004 | 1.003 | 1.001 | 0.999 | 0.995 | 0.988 | 0.980 | 0.971 |

$M_Q N^x_{D,w,Q_{cross}}(k_Q/k_{Q_{cross}})$。例如，PTW 平板电离室 Markus 与 PTW 指形电离室 30013（Farmer），用 $R_{50}$=8.0cm 的电子束做比对，在表 5.3 中找到指形电离室 30013（Farmer）电子束能量 $R_{50}$=8.0cm 时，$k^{ref}_{Q_{cross}}$=0.898，而 Markus 的 $k_{Q_{cross}}$=0.889。将 $k^{ref}_{Q_{cross}}$= 0.898 代入公式求出 $N^x_{D,w,Q_{cross}}$，将 $k_{Q_{cross}}$=0.889 与 $N^x_{D,w,Q_{cross}}$ 代入公式求出 $D_{w,Q}$。

## 八、标准测量参考条件

电子束在水中绝对剂量的测量参考条件见表 5.5。

表 5.5 电子束在水中绝对剂量测量参考条件

| 影响量 | 参考条件 |
|---|---|
| 介质 | 水 |
| 电离室类型 | $R_{50} \geq 4g/cm^2$（$E \geq 10MeV$），平板电离室或者指形电离室；$R_{50} < 4g/cm^2$（$E < 10MeV$），平板电离室 |
| 测量深度 | $z_{ref}=0.6R_{50}-0.1g/cm^2$（cm） |
| 电离室参考点 | 平行板电离室为入射窗内表面中心；<br>指形电离室为中心轴空腔中心 |
| 摆放位置 | 平板电离室为 $z_{ref}$ 处；指形电离为 $z_{ref}+0.5r$ 处 |
| SSD | 100cm |
| 射野大小 | 10cm×10cm 或者用于电子束输出因子归一的两个限光筒中较大者 |

# 第四节 标定实例

## 一、高能光子束的标定

### （一）测量前的准备

通常在测量前我们都会制作一张表格，见表 5.6，分别记录测量日期、测量人员、加速器型号、剂量仪型号、电离室型号等所有测量的数据信息。这张表格中的加速器型号、测量条件、剂量仪、电离室、测量电压、$K_{elec}$、$K_{po}$、$K_s$、$N_{D w}$、能量、$TPR_{20,10}$、测量深度 $d$、$k_Q$、$PDD_d(\%)$ 的数值都是已知的，也就是说在做标定前，都可以通过查表或者计算获得。

表 5.6 测量表格

| | | | | | |
|---|---|---|---|---|---|
| 测量日期 | | 测量人员 | | | |
| 加速器型号 | | 测量条件 | | | |
| 剂量仪 | | 电离室 | | 测量电压 | |
| 温度 | ℃ | 气压 | kPa | $K_{TP}$ | |
| $K_{elec}$ | | $K_{pol}$ | | $K_s$ | |

续表

| | | | | | |
|---|---|---|---|---|---|
| $N_{D,w}$ | | | | | |
| 能量 | | $TPR_{20,10}$ | | 测量深度 $d$ | |
| $k_Q$ | | $PDD_d(\%)$ | | | |
| 未校准的剂量仪读数 | $M_{raw}=$ | | | | |
| 校准后剂量仪的读数 | $M=M_{raw}K_{TP}K_{elec}K_{pol}K_s=$ | | | | |
| 测量深度处剂量 | $D_{d,w,Q}=MN_{D,w}k_Q=$ | | | | |
| 最大深度处的剂量 | $D_{max}=D_{d,w,Q}/PDD_d=$ | | | | |

## （二）测量示意

光子束测量示意图见图 5.2。

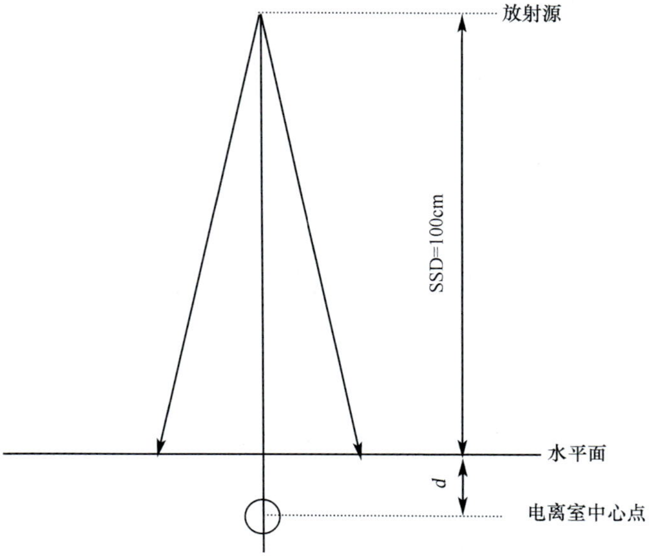


图 5.2　光子束测量示意图

## （三）实测示例

假定我们将对一台 Varian Trilogy 6323 的 6MV 线进行标定，采用 UNIDOS E 剂量仪和 PTW30013 电离室，测量电压为 300V，测量条件为：SSD 为 100cm，射野大小为 10×10cm$^2$，参考测量深度为 10cm，机器出束为 100MU。其他数据如表 5.7 所示。

表 5.7　测量记录表

| | | | | | |
|---|---|---|---|---|---|
| 测量日期 | 2019.8.3 | 测量人员 | 张某 | | |
| 加速器型号 | Varian Trilogy 6323 | 测量条件 | SSD 为 100cm，10cm×10cm，参考深度为 10cm，100MU | | |
| 剂量仪 | UNIDOS E | 电离室 | PTW30013 | 测量电压 | 300V |

续表

| | | | | | |
|---|---|---|---|---|---|
| 温度 | 23℃ | 气压 | 102.5kPa | $K_{TP}$ | 1.0220 |
| $K_{elec}$ | 1 | $K_{pol}$ | 0.9999 | $K_s$ | 1.0002 |
| $N_{D,w}$ | 0.9973 | | | | |
| 能量 | 6MV | $TPR_{20,10}$ | 0.6620 | 测量深度 $d$ | 10cm |
| $k_Q$ | 0.9924 | $PDD_d$（%） | 66.30 | | |

表 5.7 中的数据必须要在测量前准备好，其中 $K_{TP}$、$K_{elec}$、$K_{pol}$、$K_s$ 计算方式详见本章第二节。按图 5.2 所示方式测量后，得到 $M_{raw}$=65.3，从而得到 $M$=66.75，$D_{10,w,Q}$=66.06cGy，最终得到最大深度处剂量为 99.64cGy，如表 5.8 所示。

表 5.8　测量结果示意表

| | |
|---|---|
| 未校准的剂量仪读数 | $M_{raw}=65.3$ |
| 校准后剂量仪的读数 | $M=M_{raw}K_{TP}K_{elec}K_{pol}K_s=66.75$ |
| 测量深度处剂量 | $D_{d,w,Q}=MN_{D,w}k_Q$=66.06cGy |
| 最大深度处的剂量 | $D_{max}=D_{d,w,Q}/PDD_d$=99.64cGy |

从表 5.8 可知，在标准参考条件下，水下 10cm 处的水吸收剂量为 66.06cGy，因此在 SSD 摆位时分别使用 PDD 数据将结果反推到最大剂量点处的剂量为 99.64cGy。由于我们测量时输入的 MU 为 100MU，可以认为在标准参考条件下，中心轴上最大点处最大误差为 [(99.64–100)/100]×100%=–0.36%，中心轴上最大点处 1MU=1cGy 基本成立，因此不需要重新标定加速器绝对剂量。

## 二、高能电子束的标定

### （一）平板电离室标定

**1. 测量前的准备**　如标定 X 射线一样，制定一张测量表格，此表格与标定 X 射线时基本一样，唯一的区别在于射束质一栏，用 $R_{50}$ 代替 $TPR_{20,10}$。如表 5.9 所示。另外，电子束的测量深度不是给定的，而是通过 $z_{ref}=0.6R_{50}-0.1g/cm^2$ 计算而得。

表 5.9　电子束测量表格

| | | | | | |
|---|---|---|---|---|---|
| 测量日期 | | 测量人员 | | | |
| 加速器型号 | | 测量条件 | | | |
| 剂量仪 | | 电离室 | | 测量电压 | |
| 温度 | ℃ | 气压 | kPa | $K_{TP}$ | |
| $K_{elec}$ | | $K_{pol}$ | | $K_s$ | |
| $N_{D,w}$ | | | | | |
| 能量 | | $R_{50}$ | | 测量深度 $d$ | |

续表

| | | | | | |
|---|---|---|---|---|---|
| $k_Q$ | | $PDD_d$(%) | | | |
| 未校准的剂量仪读数 | | $M_{raw}$= | | | |
| 校准后剂量仪的读数 | | $M=M_{raw}K_{TP}K_{elec}K_{pol}K_s$= | | | |
| 测量深度处剂量 | | $D_{d,w,Q}=MN_{D,w}k_Q$= | | | |
| 最大深度处的剂量 | | $D_{max}=D_{d,w,Q}/PDD_d$= | | | |

**2. 测量示意图** 平板电离室电子束测量示意图见图 5.3。

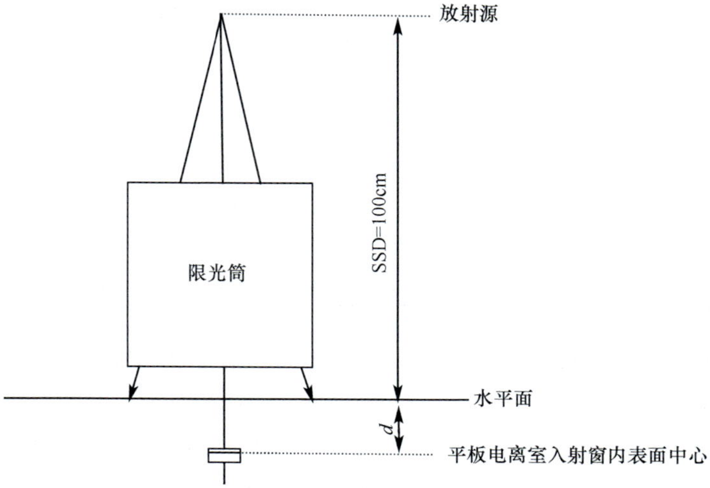


图 5.3 平板电离室电子束测量示意图

**3. 实测示例** 假定我们将对一台 Varian 2300EX 的 9MeV 电子束进行标定，采用 UNIDOS E 剂量仪和 Markus 平板电离室，测量电压为 300V，测量条件为：SSD 为 100cm，射野大小为 10cm×10cm 限光筒，跳数为 100MU，参考测量深度为 $z_{ref}=0.6R_{50}-0.1\approx2cm$。其他数据如表 5.10 所示。

**表 5.10 电子束测量记录表**

| | | | | | |
|---|---|---|---|---|---|
| 测量日期 | 2019.8.3 | 测量人员 | 李某 | | |
| 加速器型号 | Varian 2300EX | 测量条件 | SSD 为 100cm，射野大小为 10cm×10cm，限光筒 | | |
| 剂量仪 | UNIDOS E | 电离室 | Markus | 测量电压 | 300V |
| 温度 | 22℃ | 气压 | 100.8kPa | $K_{TP}$ | 1.0118 |
| $K_{elec}$ | 1 | $K_{pol}$ | 0.9999 | $K_s$ | 1.0001 |
| $N_{D,w}$ | 0.9840 | | | | |
| 能量 | 9 MeV | $R_{50}$ | 3.56cm | 测量深度 $d$ | 2cm |
| $k_Q$ | 0.9130 | $PDD_2$(%) | 100 | | |

表 5.8 中的 $N_{D,w}$ 因子是通过比对方式获得的，其中方法可参见本章第三节内容。

按图 5.3 所示方式测量后，得到 $M_{raw}$=111.7，从而得到 $M$=113.02，$D_{2,w,Q}$=101.5cGy，最终得到最大深度处剂量为 101.5cGy，如表 5.11 所示。

表 5.11 测量结果示意表

| | |
|---|---|
| 未校准的剂量仪读数 | $M_{raw}$=111.7 |
| 校准后剂量仪的读数 | $M=M_{raw}K_{TP}K_{elec}K_{pol}K_s$=113.02 |
| 测量深度处剂量 | $D_{d,w,Q}=MN_{D,w}k_Q$=101.5cGy |
| 最大深度处的剂量 | $D_{max}=D_{d,w,Q}/PDD_d$=101.5cGy |

可以认为在标准参考条件下，中心轴上最大点处最大误差为 [(101.5–100)/100]×100%=1.5%，中心轴上最大点处 1MU=1cGy 也基本成立，按 2% 的允许误差来讲，此能量不需要重新校准标定。

## （二）指形电离室标定

**1. 测量前的准备** 测量前的准备跟平板电离室一样，这里不再叙述。根据平板电离室提供的表格，分别查出及计算出各个参数。

**2. 测量示意图** 由于指形电离室在测量时需要考虑其有效测量点，因此应把电离室的中心放置在有效测量深度 $z_{ref}$ 加上 0.5$r$ 深度位置上，$r$ 为电离室空腔内半径，如图 5.4 所示。

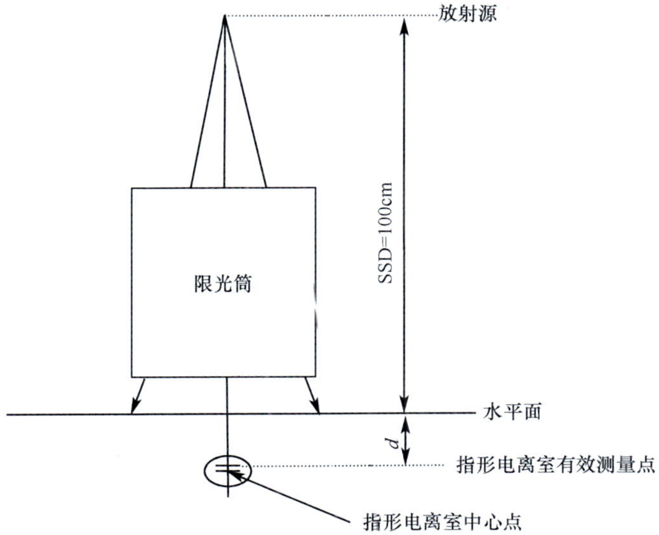


图 5.4 指形电离室电子束测量示意图

**3. 实测示例** 假定我们将对一台 Varian IX6117 的 12MeV 电子束进行标定，采用 Sunnuclear PCE 剂量仪和 SNC600c 指形电离室，测量电压为 300V。测量条件为：SSD 为 100cm，射野大小为 10cm×10cm 限光筒，跳数为 100MU，参考测量深度为 $z_{ref}$=0.6 $R_{50}$–0.1≈3cm。其他数据如表 5.12 所示。

表 5.12 电子束实测记录表

| | | | | | |
|---|---|---|---|---|---|
| 测量日期 | 2019.8.3 | 测量人员 | 王某 | | |
| 加速器型号 | Varian IX6117 | 测量条件 | SSD 为 100cm，射野大小为 10cm×10cm 限光筒，跳数为 100MU | | |
| 剂量仪 | Sunnuclear PCE | 电离室 | SNC600c | 测量电压 | 300V |
| 温度 | 22℃ | 气压 | 101.1kPa | $K_{TP}$ | 1.033 |
| $K_{elec}$ | 1 | $K_{pol}$ | 1 | $K_s$ | 1 |
| $N_{D,w}$ | 1.01 | | | | |
| 能量 | 12MeV | $R_{50}$ | 5.18cm | 测量深度 $d$ | 3cm |
| $k_Q$ | 0.908 | $PDD_3$(%) | 99.85 | | |

按图 5.4 所示方式测量后，得到 $M_{raw}$=104.8，从而得到 $M$=108.3，$D_{2,w,Q}$=99.32cGy，最终得到最大深度处剂量为 99.46cGy，如表 5.13 所示。

表 5.13 测量结果示意表

| | |
|---|---|
| 未校准的剂量仪读数 | $M_{raw}$=104.8 |
| 校准后剂量仪的读数 | $M=M_{raw}K_{TP}K_{elec}K_{pol}K_s$=108.3 |
| 测量深度处剂量 | $D_{d,w,Q}=MN_{D,w}k_Q$=99.32cGy |
| 最大深度处的剂量 | $D_{max}=D_{d,w,Q}/PDD_d$=99.46cGy |

可以认为在标准参考条件下，中心轴上最大点处最大误差为 [(99.46–100)/100]×100%=–0.54%，中心轴上最大点处 1MU=1cGy 也基本成立，此能量不需要重新校准标定。

# 第六章　常用医用直线加速器 MU 调节方法

医用直线加速器通过 IAEA TRS-277 或 AAPM TG-51 或 IAEA TRS-398 等报告中的绝对剂量测量方法，在特定射野、特定深度下，把特定的能量中心轴剂量最大点处，使得其 1MU=1cGy。如果在检测标定时发现最大点剂量 1MU≠1cGy，且误差范围超过设定范围（通常大于 ±2%），我们必须调节加速器的束流输出，使得其误差范围控制在最小范围之内（通常小于 ±1%）。本章将列举常用的几种类型医用直线加速器的 MU 调节流程和方法，进行具体阐述。

## 第一节　瓦里安模拟型直线加速器 MU 调节方法

瓦里安模拟型直线加速器包括所有的 C 系列医用直线加速器，如 2300CD、23EX、Trilogy 等机型，此类机型每挡能量在电子柜中都有一块能量控制板，工作人员通过调节此能量板上的不同电位器来改变某种能量射线的特性和大小。其中与 MU 调节相关的电位器主要有 MU1、MU2、ION1 及 ION2 四个电位器，如图 6.1 所示。

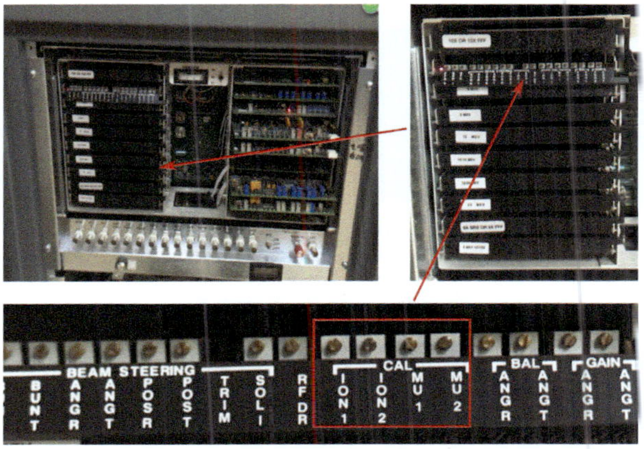


图 6.1　电子柜能量控制板调节电位器示意图

瓦里安模拟型直线加速器 MU 调节流程简单归纳起来包括四个步骤。

### （一）调节 MU1 电位器

（1）计算剂量偏差：剂量偏差 = 实际测量值/应该剂量值，例如，实际测量的剂量为 103cGy，而此位置本应该值是 100cGy，则剂量偏差为 103/100=1.03。

（2）进入维修模式，选择需要调整的能量，菜单选择 CALIB > Calibrate

dosimetry > Extd Integration，或者在键盘中直接输入 CCE，计算机执行内部整合计算循环。在系统进行内部整合计算循环时，在 D/R 显示框里显示剂量率，通常是在 2000 左右。进入维修模式能量选择、执行 CCE 时 D/R 显示框显示数值的示意图分别如图 6.2～图 6.4 所示。

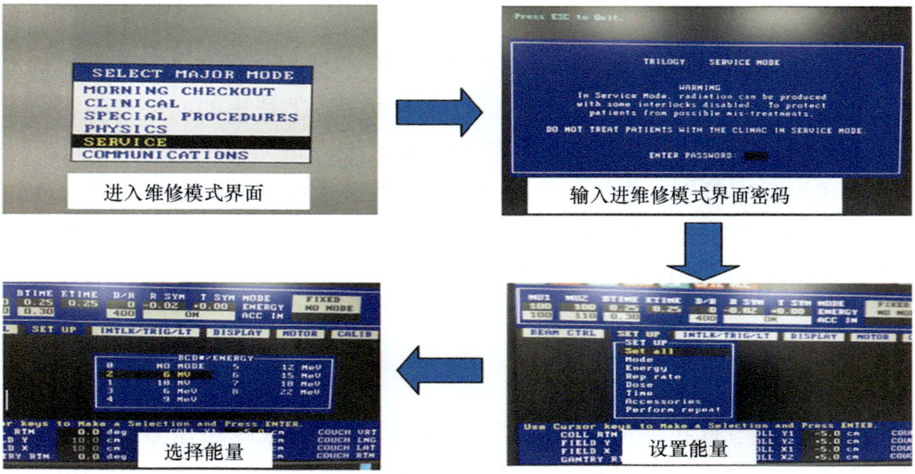


图 6.2　进入维修模式能量选择示意图

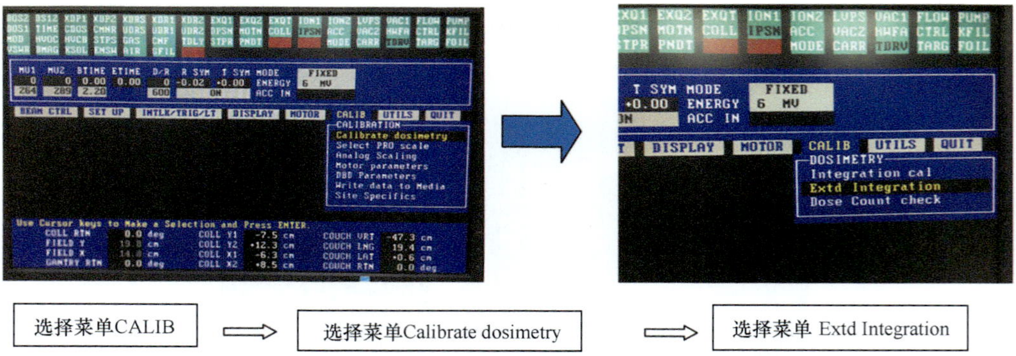


图 6.3　执行 CCE 示意图

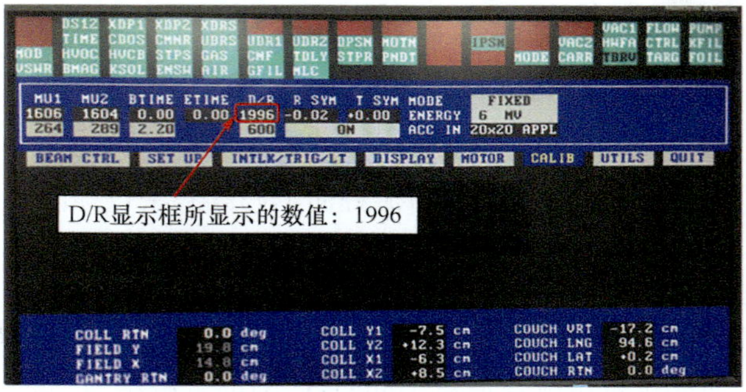


图 6.4　执行 CCE 时 D/R 显示框显示数值的示意图

（3）计算调整偏量值：调整偏量值 = 显示的剂量率 × 剂量偏差值。例如，步骤（1）中剂量偏差值为 1.03 时，调整偏量值为 2000×1.03=2060。

（4）在系统进行内部整合计算循环时，即执行第（2）步 CCE 时，调 MU1 定位器，直到 D/R 显示为步骤（3）计算的值。例如，步骤（1）中剂量偏差值为 1.03 时，调整偏量值为 2000×1.03=2060，则此时调节 MU1，要使得 D/R 显示为 2060，如图 6.5 所示。

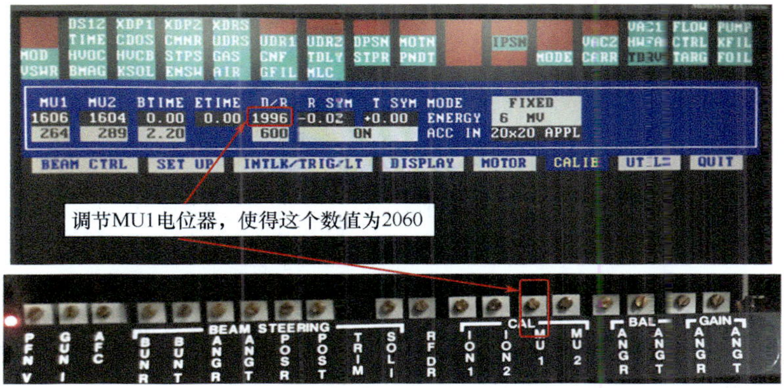


图 6.5　调节 MU1 示意图

（5）再一次按 CCE，取消内部整合计算循环。此时，计算机界面上会有很多红色闪烁联锁，菜单选择 INTLK/TRIG/LT 下的 General intlk clear 或者 Dose intlk clear，消除相关联锁。菜单 INTLK/TRIG/LT 的界面如图 6.6 所示。

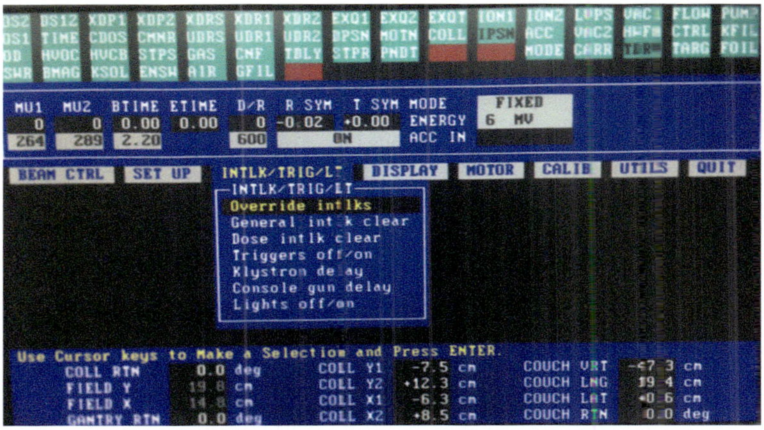


图 6.6　菜单 INTLK/TRIG/LT 的界面示意图

（6）机器出束 100，重新计算剂量偏差值是否为 1，如果是 1，则 MU1 调整完毕。鉴于模拟定位器的精度问题，剂量偏差值通常小于 1.01，即认为调整完毕。只有在确认此步后才可往下执行，如果在此验证过程中因调整 MU1 过大而导致某些联锁出现时，选择菜单 INTLK/TRIG/LT 下的 Override intlks，强制关掉所有相关联锁。

### （二）调节 MU2 电位器

（1）在维修模式下，选择 INTLK/TRIG/LT ＞ Triggers Off/on ＞ Dose Servo，关掉 Dose Servo，以便于以下步骤的调节，如图 6.7 所示。退出维修模式时，其会自动处于 Dose Servo ON 模式。

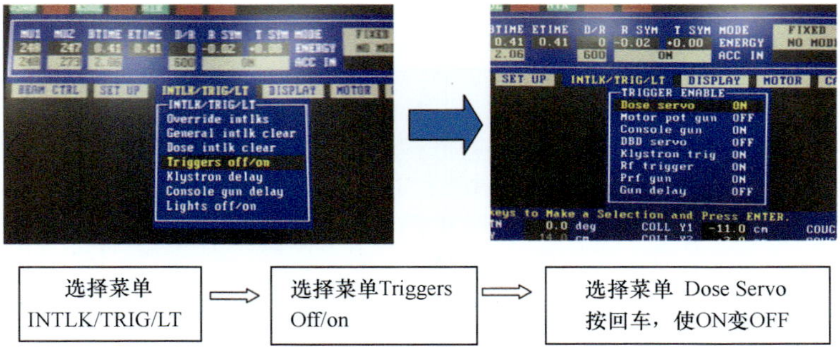


图 6.7　关掉 Dose Servo 示意图

（2）选择 DISPLAY ＞ HexWindow 窗口，输入 Hex Offset：67B，将进入 MU1 和 MU2 在 Hex 模式下的剂量率值，如图 6.8 所示。

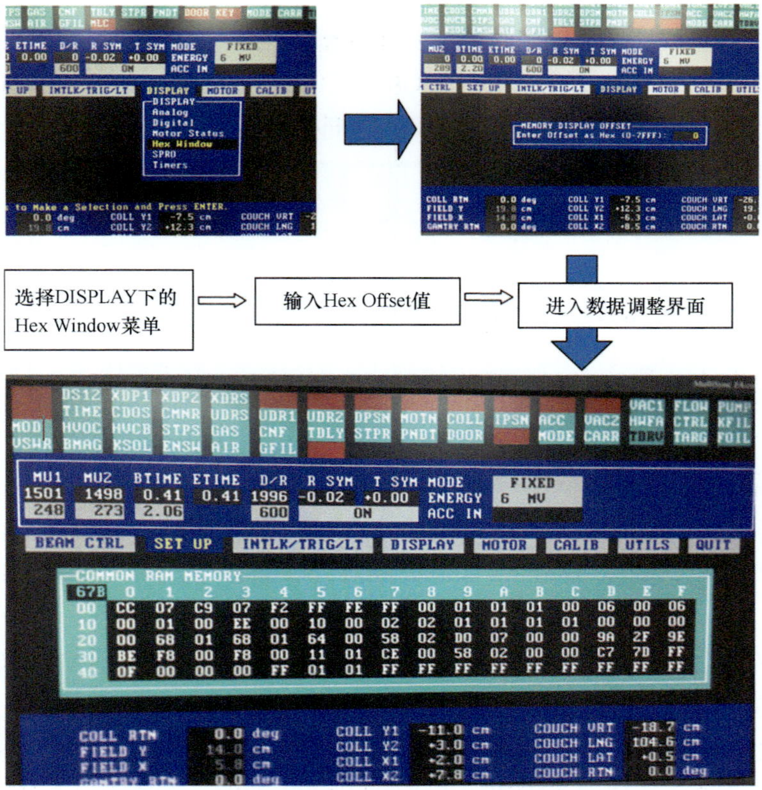


图 6.8　进入 MU1 和 MU2 在 Hex 模式下的示意图

不同软件版本号的输入 Hex Offset 值是不同的，软件版本号通常在退出维修模式时会显示，具体对应值如表 6.1 所示。

**表 6.1　不同软件版本号下各自对应的 Hex Offset 值**

| 软件版本 | Hex Offset 输入值 | 软件版本 | Hex Offset 输入值 |
|---|---|---|---|
| 7.5 及以上 | 67B | 5.4～6.2 | 674 |
| 6.3 | 676 | 5.2 | 673 |

（3）设置选择所需校准的能量挡，跳数为 9999，时间为 99，剂量率为 400 或 300，开机出束。

（4）调整 MU2 电位器，使得图 6.9 中的 LSB MSB MU1 和 LSB MSB MU2 值完全相同（0 对 2，1 对 3）。

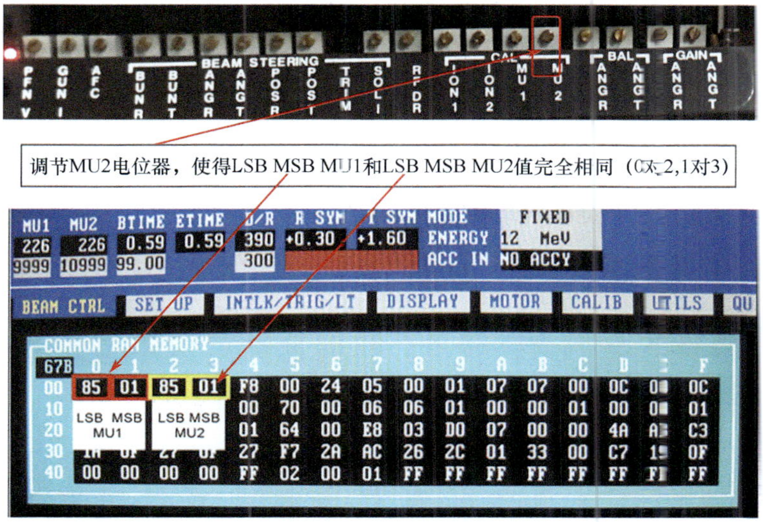


图 6.9　调整 MU2 电位器示意图

（5）停止出束，消除所有联锁，用同一能量挡出束 100MU。当出束结束时，确认 MU1 和 MU2 值偏差不超过 1%。如图 6.9 中的 226 和 226，偏差为 0。

## （三）调节 ION1 电位器

（1）菜单选择 CALIB > Calibrate dosimetry > Extd Integration，或者在键盘中直接输入 CCE，执行内部整合计算循环。

（2）在系统进行内部整合计算循环时，调 ION1 定位器，直到 D/R 显示指示为 2000，如图 6.10 所示。

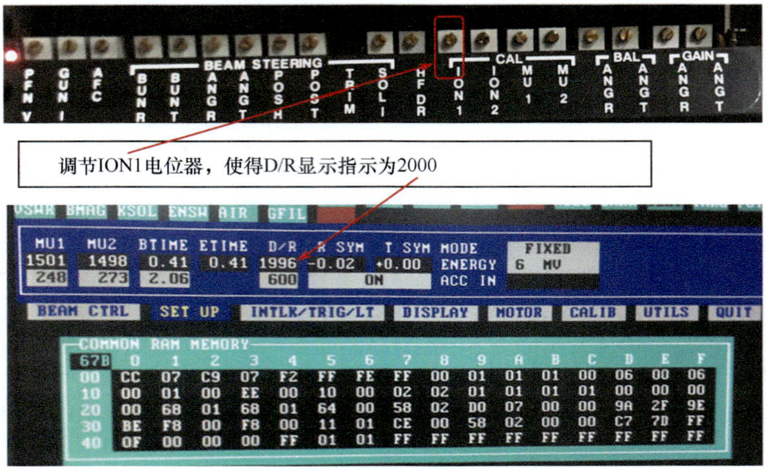


图 6.10　调整 ION1 示意图

图 6.10 中 D/R 显示框中，在调整 MU1 时，如有 +3% 的调整，在调整 ION1 前此值应为 2060，但图中为 1996，是经过调整后的值，通常尽量使此值接近 2000，若略有偏差，也是可以的

## （四）调节 ION2 定位器

（1）调节 ION2 定位器，直到图 6.10 中的 LSB MSB MU1 和 LSB MSB MU2 值完全相同（0 对 2，1 对 3），如图 6.11 所示。

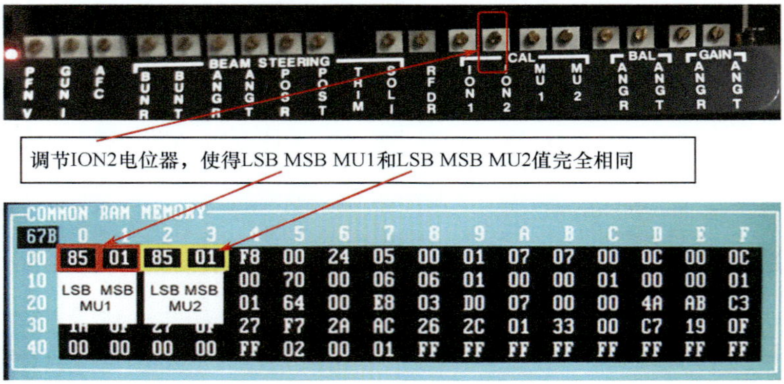


图 6.11　调整 ION2 示意图

（2）再一次按 CCE，取消内部整合计算循环。

（3）在键盘中直接输入 CCI，证实在计算循环结束后，MU1 和 MU2 显示的数值为 200±2。

当完成以上四个步骤后，我们认为原本误差较大的束流已校准完毕。为了进一步证实校准的可靠性，我们可以再一次在特定的射野大小、深度下，测量其中心轴最大点处的水中吸收剂量是否为 1MU=1cGy，即当加速器出 200MU 时，中心轴最大点处的水中吸收剂量应为 200cGy。在调整 MU 时，我们必须注意以下两点。

（1）当调整 MU1 时，一定要慎重，检查测量是否有错误，在 100% 确认需要调整时，才进行 MU1 调整，调整 MU2 和 ION1\ION2 不会影响机器的绝对剂量值，但可能导致出现相关联锁。

（2）在进行 MU1\MU2\ION1\ION2 调整时，一定要在对应的能量控制板中的 MU1\MU2\ION1\ION2 电位器上调整。

## 第二节　瓦里安 Truebeam 系列数字直线加速器 MU 调节方法

瓦里安 Truebeam 系列数字直线加速器，与 C 系列及以下的模拟直线加速器相比，数字直线加速器的剂量校准更为简便，只需根据测量得到的剂量数值直接输入即可。例如，若 6MV 100MU 10cm×10cm SSD100cm 的绝对剂量换算到最大深度处的测量数值是 101.6cGy，则只需要在相应的校准界面里输入 101.6，然后保存即可。

下面详细介绍校准步骤。

（1）在机房内按测量条件摆好水箱、电离室，测量好温度气压，连好剂量仪电离室。

（2）在治疗工作站界面选择 Service 菜单，输入物理师的用户名账号，然后选择 Service Intermediate，进入具有剂量校准模块的 Service 界面，如图 6.12 所示。

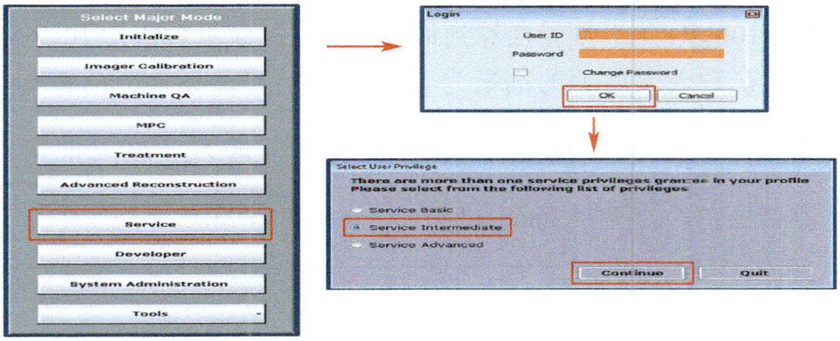


图 6.12　进入剂量校准模块的 Service 界面流程图

（3）在 Service 界面上半部分射野信息里，在 AXIS 界面中将 JAW 对称开到 10cm×10cm，如图 6.13 所示。

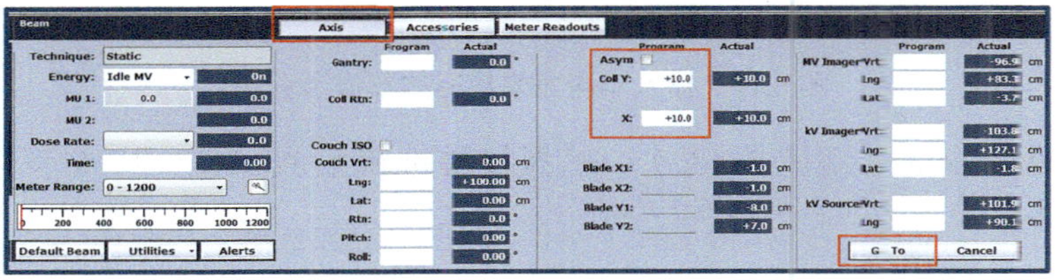


图 6.13　在 AXIS 界面中设置射野示意图

（4）在 Service 界面下半部分 MLC 界面里，点 MLC Display/Retract 将 MLC 退出到射野外。

（5）在上半部分界面里，选择需要测量的能量、MU 数及剂量率，剂量率为实际治疗时常用的剂量率。如图 6.14 所示，将能量 6MV，MU 跳数 100MU，剂量率 400MU/min 分别输入各个数据框内。

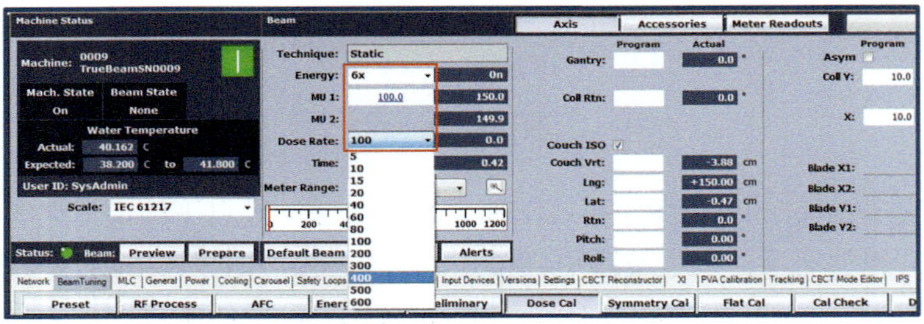


图 6.14 能量、MU 及剂量率设置示意图

（6）出束，测量并计算得到该能量下最大剂量深度处的绝对剂量，重复测量 2～3 次。例如，6MV、100MU、10cm×10cm、SSD100cm 的绝对剂量换算到最大深度处的测量数值是 101.6cGy。

（7）进入界面下半部分 Beam Turning 中 Dose Cal 界面。在 Standard 框里输入需要校准的数值，然后点 Calibrate，如图 6.15 所示。公式为 Standard= $\frac{D_{act}}{D_{exp}}$ MU1，其中，$D_{act}$ 是实际测量得到的剂量，$D_{exp}$ 为期望得到的剂量，MU1 为测量出的跳数。例如，若 6MV 100MU 绝对剂量换算到最大深度处的测量数值是 101.6cGy，而我们希望 100MU 在最大深度处的剂量为 100cGy，所以需要输入的值为 Standard= $\frac{101.6}{100}\times 100=101.6$；若 6MV 200MU 绝对剂量换算到最大深度处的测量数值是 203.2cGy，则需要输入的值为 Standard= $\frac{203.2}{200}\times 200=203.2$。

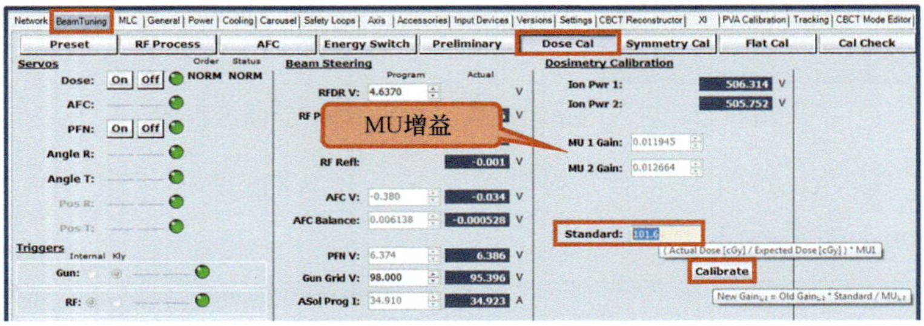


图 6.15 输入实测需要校准的数值示意图

（8）校准后重复测量 2～3 次，确保校准准确后点击图 6.16 右下角的 Save Configuration。

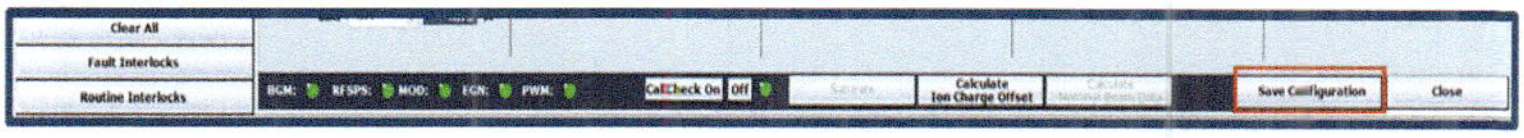


图 6.16 保存界面示意图

（9）在提示界面确认校准的能量，如图 6.17 所示，然后点击 Apply，等系统保存完成后点击 OK，剂量校准完成。

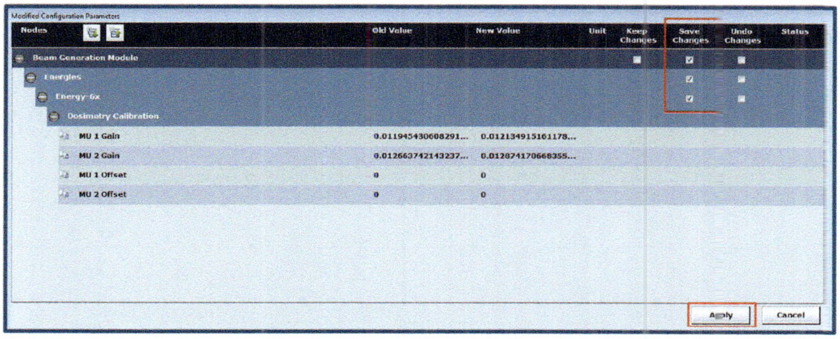


图 6.17 确认修改内容并应用示意图

## 第三节 医科达直线加速器 MU 调节方法

医科达直线加速器中 Precise、Synergy、VersaHD 等机型在维修模式下均有一专门剂量调节模块：Calculation Reference Dose，如图 6.18 所示。

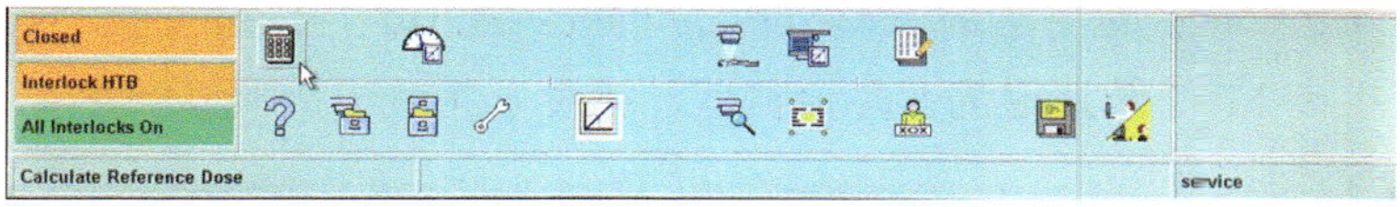


图 6.18 医科达直线加速器调节模块界面示意图

医科达直线加速器 MU 调节流程（以 6MV 能量 X 射线为例）简单归纳起来包括四个步骤。

### （一）实际剂量测量

（1）计算剂量偏差：剂量偏差 = 实际测量值/标准剂量值。例如，实际测量到剂量为 103cGy，而此位置标准值是 100cGy，则剂量偏差为 103/100=1.03，实测值高于标准值 3%，剂量偏差大于 ±2% 时则需进行绝对剂量校准。

（2）绝对剂量测量：按国标绝对剂量校准条件进行水箱摆位，插入电离室连接剂量仪，设置温度气压等参数。进入维修模式 Service，菜单依次选择 Service Functions→Deliver Quick Beam→Radiation Type，设置如图 6.19 所示：Radiation Type：X-RAY，Energy：6MV，Wedge：OUT，Beam MU1：100，Beam MU2：102，Dose Rate 为默认剂量率；MLC Shape 选择标准野：Leaves & Diaphragms（10cm×10cm）。确认无误后开始出束。

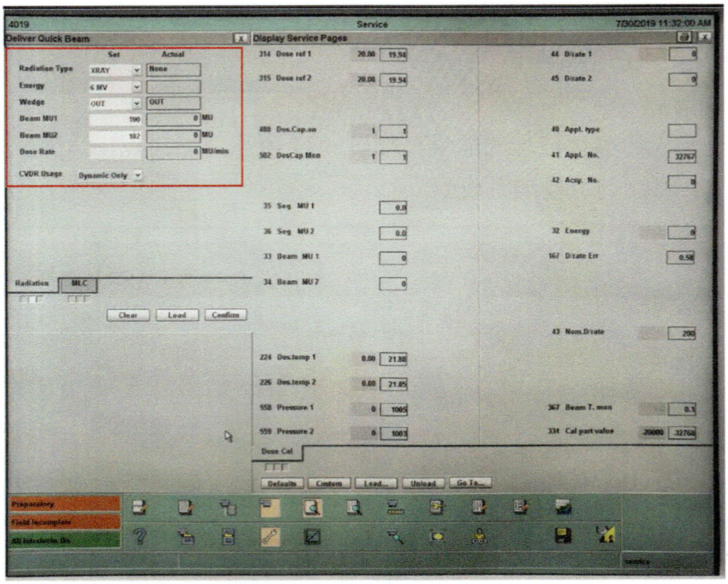


图 6.19　医科达直线加速器绝对剂量出束条件输入模块示意图

若测量结果的计算实测值与标准值比较偏差超出 ±2%，则该设备需要进行校准调节。

（3）进入 MU1 和 MU2 两通道实际值显示界面，接着第 2 步维修模式下依次选择 Service Functions→Display Service Pages→Load > Dose Cal。在该界面可以观察 MU1 和 MU2 两通道的实际值偏差，如图 6.20 所示，便于判断下一步是否做两通道一致性校准。

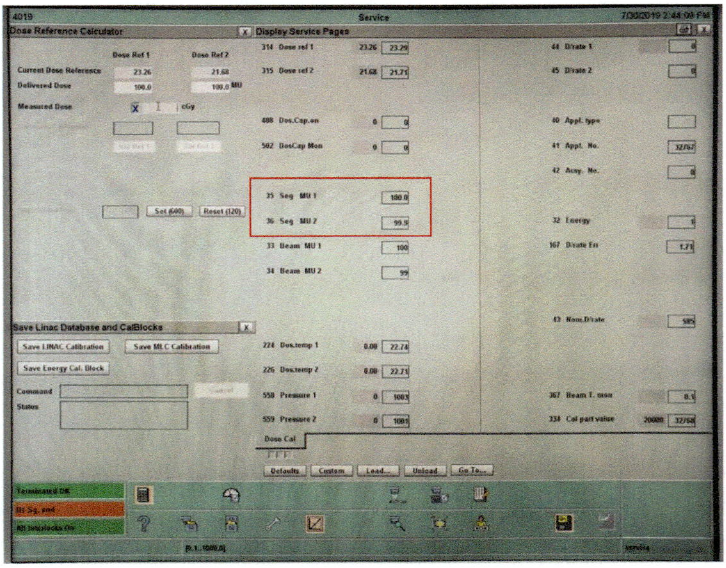


图 6.20　观察两个通道实际值偏差界面示意图

## （二）MU1 和 MU2 通道一致性校准

（1）设置同第一步骤，机器出束 100MU，记录上面第（3）步骤的 35 Seg MU1 和 36 Seg MU2 两个通道的显示值，若 MU2 与 MU1 的差大于 2，则需要进行以下步骤这两个通道做一致性校准。

（2）进入维修模式 Service→ Calibration→ Calculation Reference Dose→ Delivered Dose 中的 Dose Ref1 和 Dose Ref2，分别输入步骤（1）记录的 MU1 和 MU2 值，在 Measured Dose 中输入 100，回车，分别点击 Set Ref1 和 Set Ref2；点击 Save→Save Linac Database and CalBlocks→Save Energy Cal.Block，再重复步骤（1）检查 MU1 和 MU2 值，如图 6.21 所示。

## （三）绝对剂量值校准

（1）接着第二步机器出束 100MU，记录剂量仪读数，并根据 PDD 换算成相应的读数，Delivered Dose 中的 Dose Ref1 和 Dose Ref2 均分别输 100，Measured Dose 中输入的为实测剂量［第（1）步中换算出的读数］。

（2）分别点击 Set Ref1 和 Set Ref2，点击 Save→Save Linac Database and CalBlocks→Save Energy Cal.Block。

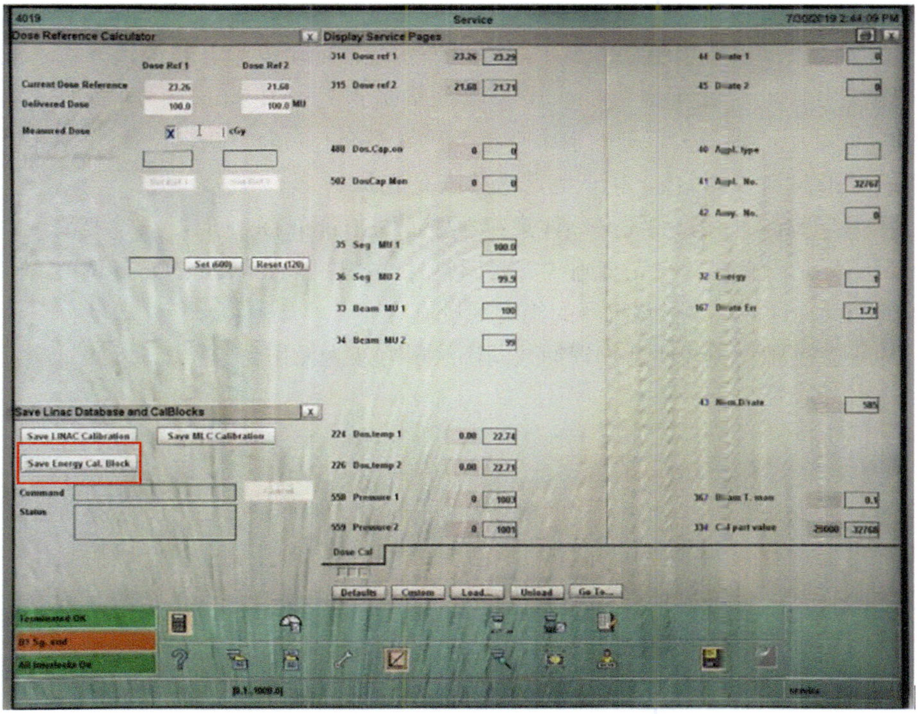


图 6.21　保存双通道修改后界面示意图

（3）保存完毕后，按图 6.22 所示的 1→2→3 步骤，Enable 标定过的能量。

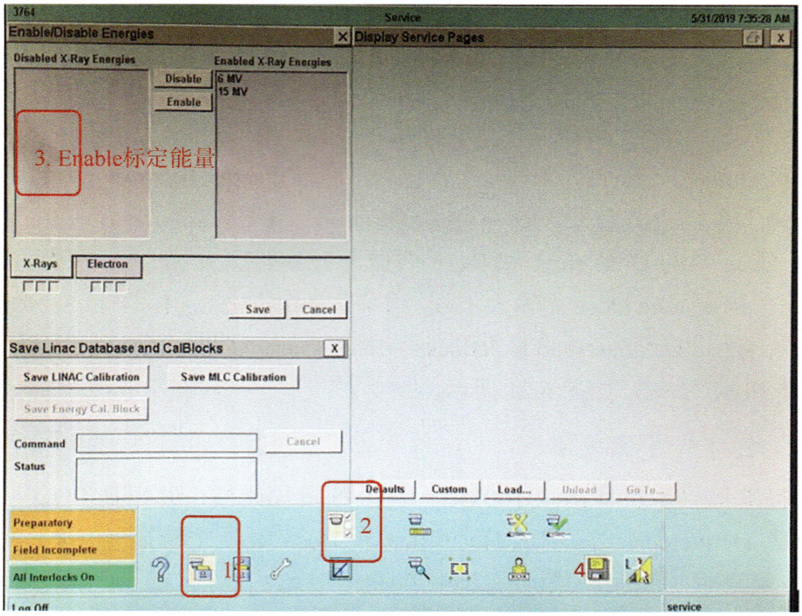


图 6.22　激活标定过能量界面示意图

### （四）结果验证

当完成以上三个步骤后，为了进一步证实校准的可靠性，我们需要在标准条件下测量其中心轴最大点处的水中吸收剂量是否为 1MU=1cGy，即当加速器出 100MU 时，中心轴最大点处的水中吸收剂量值理论上应为 100cGy，经实际测量后如误差范围在 ±2% 以内，则认为此次校准完成。

在调整 MU 时，我们还必须注意：当调整 Delivered Dose 时，一定要慎重，检查测量结果是否有误，在完全确认需要调整时，才进行 Delivered Dose 调整，因为调整 Delivered Dose 会影响机器的绝对剂量值。

以上各步骤均需经两名物理师共同确认后方认为操作完成。

## 第四节　西门子直线加速器 MU 调节方法

为了确保患者、工作人员的辐射剂量安全，物理师和维修人员必须对西门子直线加速器进行定期检查和剂量校准。剂量校准是一项重要的安全质控工作，所有的物理师都必须遵循所在部门的质控规程，特别是在加速器维修后，物理师必须根据需要对各参数进行校准验证。

西门子直线加速器的绝对剂量校准通道有 2 个，分别为 MONITOR 1（1 通道）和 MONITOR 2（2 通道），其中 MONITOR 1（1 通道）为绝对剂量校准通道，若进行绝对剂量标定发现有偏差，则通过调节 MONITOR 1（1 通道）来实现机

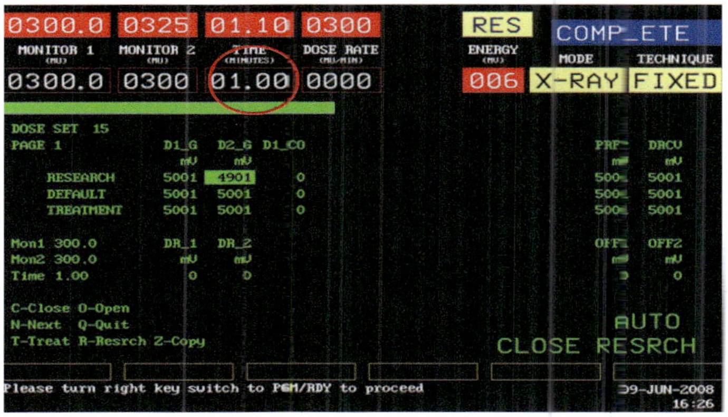


图 6.30　调整后控制台的实际时间读数示意图

所有参数调整后，还需将 RESEARCH 栏的数据拷贝到 TREATMENT 栏，键盘直接输入 ZRTYY，即可完成上述拷贝，最后回到治疗模式重复测量并确认结果。

# 参考文献

苌雪，王坤，张健，等，2017. 高能光子水吸收剂量辐射质转换因子的实验测量　中国医学物理学杂志，34（12）：1196-1199.

李玉，徐慧军，2015. 现代肿瘤放射物理学 . 北京：中国原子能出版社 .

夏勋荣，王鹏，蒋伟，等，2018. 6MV 高能光子束水吸收剂量的计算及不确定度分析 . 中国医疗设备，33（6）：23-26.